日本の食の近未来

熊倉功夫 編

思文閣出版

装幀　上野かおる

まえがき

熊倉功夫

平成二三年三月一一日、東北・北関東を襲った大震災と津波は、今なおわれわれの記憶に生々しく残っています。その悲劇、今も癒えぬ傷あとが、またその一方では心暖まる情景や人間的ドラマも生まれました。そうした中で、世界的にも美談として語られたのは、あの危機の中で掠奪行為もおこらず整然と人びとが行動したことでした。

しかし、それをそのまま日本人らしい美談とするには私は疑問を感じました。終戦後、物資が逼迫した時代に少年期を過した私の記憶には、食糧をめぐる争いやコソドロが日常茶飯事でした。今日、日本人が整然と行動できるのは、何といっても生活が豊かであるからでしょう。「恒産なければ恒心なし」とは孟子の言葉ですが、今の日本ほど、恒産ありて恒心ある国はないといえます。

しかし、その豊かさ故に背後にしのびよるさまざまの危機にわれわれは鈍感になってはいますまいか。その典型が「食」です。

テレビでもインターネットでも食の情報があふれ、一億総グルメ化といわれて久しいところです。飽食の時代というこの豊かさは、われわれに一体何をもたらしたのでしょうか。食の豊かさを謳歌するばかりでよいのか、という疑問や、このままでは日本の食はどうなるのだろうか、という不安は、誰もが感じているでしょう。

食に関心を持つ七名の研究者が集まって、日本の食文化の近未来について議論しようと考えた理由は、さきに述べたような日本の現代に疑問を感じたからです。あとがきに記されているような経過で、あらかじめ用意してきた原稿をもとに集中的に共同研究会を開いた成果がこの論文集です。

和食と日本の食文化について包括的に論じるために熊倉論文と米屋論文が用意されました。「和食とは何か」という説問とは、即ち「日本の伝統的食文化とは何か」ということです。それをなるべく簡潔に定義づけようとした熊倉論文に対して、米屋論文はより広く具体的に変容を論じています。二人とも近未来について悲観も楽観もしていません。しかし伝統を継承する必要性は、二人だけでなく全員がどこかで認めています。

そもそも伝統とは何かを考えさせられるのが草野論文とザヤス論文です。また清論文も全人的な健康とは何かという根本的な問題についてアジア的観点から論及しています。草野論文は、日本の食文化の変化の早さからいかに「伝統」がつくられるかを、餃子を例にして明らかにしています。ザヤス論文は伝統の根源にある民族的な感性、自然観に焦点をあてています。「鼻で食べる、目で食べる」とは誠に鮮やかな切り口です。

食の伝統をかえる要因は、社会と家族の変化にありますが、そこへ一元化することへの疑問が提示されました。林論文は地域や家族の多様性に着目し個別的なアプローチを試みています。また家族の情意こそ継承すべきもの、と林論文は指摘しました。その点は清論文も一致します。守屋論文は、家族から離れたホームの老人たちを韓国文化の中で見つめました。そこには集団生活の中に、それぞれの人生からつむぎ出された食を生かすことで食の豊かさが得られる様子が見えてきます。これは今の日本でも大いに生かされる点ではないでしょうか。深田論文は食の変化と併行する生活空間の変化に注目しています。生活が空間をつくり、空間が生活をつくるという命題からいっても、食の空間はそこで営まれる食生活と深い関係があります。

七名による合宿はとても楽しく刺激的なものでした。しかしわれわれはまだ共同研究のスタイルに慣れていませんし、互いに受けた学問的刺激を論文に盛りこむところまで議論を深めるには時間的制約がありました。しかしこれを機に、日本の近未来を論じる共同研究が続けられることを期待します。

最後に、多忙の中を合宿に参加し論文を執筆された共同研究のメンバー、ことにフィリピンから来日していただいたザヤス氏をはじめ外部の研究者の皆さんにあつく御礼を申しあげます。また企画実行に尽力いただいた米屋氏、事務的な面を担当いただいた林氏、エクスカーションなどお世話いただいた深田氏の静岡文化芸術大学のメンバーのおかげでこの研究と出版ができたことを記して、まえがきといたします。

日本の食の近未来※目次

日本の食の近未来

日本の伝統的食文化としての和食の行方

熊倉功夫

はじめに

日本政府は二〇一二年三月ユネスコに対し、無形文化遺産保護条約の「代表一覧」に「和食――日本の伝統的食文化」を登録するよう提案した。この提案がなぜ必要であり、なぜ国をあげて取り組むことになったのか。その理由の中に、和食を再考し、日本の食文化を見直そうとする本書のねらいが含まれているといえよう。

和食が無形文化遺産に登録されることを願ったのは、決して海外で和食ブームがおこり、日本の農水産物の輸出が伸びることを期待するからではない。また、国内では、日本料理界が繁栄し、観光事業が拡大することを目的とするものでもない。もっと切実な課題が日本の食文化の背後に拡がっているのである。それは家庭における食生活の崩壊現象である。

岩村暢子氏は二〇〇三年『変わる家族変わる食卓』（勁草書房）を出版した。この本は一九六〇年代以降に生まれた母親たちのもとで、いかに食生活が急変しているかを観察した驚くべきレポートである。主婦（専業主婦が少なくない）たちは、経済的・時間的に食にかかる割合を減らすことに熱心であり、「勝手にさせて見てない食事」へと変えようとしてきた。主婦たちは「私志向」で「家族志向」ではない。子供が食べてくれないと困るから、子供が好きなものを手をかけずに食べさせてきた。結果としてバラバラ食いという日本の都会における食の現状が克明に明らかにされている。このレポートの内容を、大都会の一部の家庭の現象のように見る人もいようが、これは日本人誰にとっても対岸の火事といえるものでは決してない。今やここで指摘されていることは、急速に階層的にも地域的にも拡大しつつあるといってよいだろう。

家族の変化が根にあるのか、あるいは食卓の変化と同時進行しているかは議論があろうけれど、家族の食卓に供されていた家庭料理が消滅しつつあることは確実である。それはすなわち、伝統的な和食が家族の食卓からなくなることを意味している。

こうした家庭料理の衰退の背景には台所の外在化という現象の進行がある。家の台所で料理を作らず、外食や中食といわれるような惣菜を買ってきて食事をするといった外部の台所（厨房）で作られたものが、食卓に並ぶ。ことに、和食は料理にかかる労力が大きいとされ、敬遠される傾向が強い。家庭料理の分が悪いところへ、なかでも和食はことに衰退の傾向が大きい。

いうまでもなく、食文化はわれわれをとりかこんでいる自然環境、歴史的環境の中から生まれた。日本人が生きているその周辺の海・山・里でとれる食材、栽培される食材をもって作るのが日本の食文化である。ところが、流通機構の発展によって、より安い食材が海外から大量に運ばれ、今や食糧の自給率は四〇%を割るにいたった。つまり国内産の食材が食べられず、輸入される外国産の食材が食卓に並べられている。国産の食材の最大のものは米である。この傾向に即していえば、日本人の主食であった米の消費が落ちて、二〇一二年には価格ベースでいうと、米飯よりもパンの消費が上まわるという事態にいたっている。

和食は、今や滅亡に向かっている。これほどすばらしい文化遺産であるのに、放置すれば消滅するかもしれぬ和食を、しっかり保護するシステムと法律を作り、国民をあげて和食に象徴される日本の食文化を守るために、ユネスコの保護条約における代表一覧への登録を提案したのである。

そもそも、食文化とは何か、さらに和食と呼ばれる日本の食文化とは何か、次に見てゆくことにしよう。

1　日本の食文化を歴史で区切る

今までになく和食の世界が拡がっている。家庭で作る料理も各国の料理がいりみだれ、味つけや素材など従来にない組み合わせが登場し、食材なども海外に依存するものが多くなった。その一方で、海外では日本料理ブームが続き、ことにスシの愛好者は世界中に広がっているし、日本料理を出すレストランも世界中の大都市には必ずといってよいほど出店している。たとえばニューヨークなどでは、七〇〇〜八〇〇軒の日本料理屋がマンハッタンに集中しているそうである。

こうした変化からうかがえることは、日本の食文化の環境が、食材、調理法、作り手、食べ手、食事の場所、食事をする人びとの人間関係などのあらゆる面で変りつつある点である。しかしここで変化という内容について考えてみる必要があろう。変化という以上、変化する前の状態が明確であればこそ、何がどのように変化したといえるはずだ。では変化の基準となる日本の食文化とはどのようなものか。この質問に対して誰も「日本の食文化とは何か」について答えられないことに気付くのではないか。誰もが当然のように使っている日本の食文化の内容ほどあいまいなものはない。そもそも「食文化」という言葉が、とても新しい言葉なのである。

食文化を一つの研究領域として認知されるまで、その開拓と深化を進めてこられた石毛直道氏（国立民族学博物館名誉教授）が食事文化、あるいは食文化という概念を提示されたのは一九七〇年代後半のことであった。それまでの栄養学、調理学、生理学の領域で扱ってきた食を、一挙に食料の生産、獲得より、分配・流通、調理、栄養、食卓食具、調理場、食作法、食空間、設営片付け、廃棄、排泄にいたるまで、自然科学、さらに歴史、民族、民俗、思想、宗教、法律、経済、社会、文学、美術工芸等々の人間の食をめぐる一切を含む概念として食文化という言葉が生まれたのである。こうした人類学的視点のもとに、日本国内ばかりでなく、世界中の諸民族、諸地域の食文化の研究が進められ、今日では食文化が一つの研究領域として確立しつつあるといってよい。ではその中で日本の食文化という時、他の民族、地域を比較していかなる特質があるのか、が考えられなければならない。

人類は他の動物と異なる性格をもっている。それは文化を持っている、という点である。人間以外の（類人猿は少し別だが）動物が持たない文化とは何か。

アフリカのサバンナに生息しているライオンを寒冷地へ連れて行ったら生きてはいけない。同様にペンギンを熱帯に移したらたちまち死んでしまうだろう。つまり動物は自然環境が条件となって生息できる地域が限定されている。ところが人間だけは砂漠であれ熱帯雨林であり、ツンドラ地帯であれ、かなり過酷な自然条件の中でも生活している。それができるのは、環境に適応するためにさまざまの技術や思考を創造してきたからである。その総体を文化と呼んでいる。つまり、人間が環境の中で生み出してきた一切の工夫と創造物、ものの見方――世界観といいかえられる――の総てを文化と考えてよい。したがって文化とは、それが生まれた自然環境と対応している。食文化も文化の一つである以上、当然その地域の自然環境に最も合致したものであるはずである。日本の食文化は、日本の環境を最もよく映しだす鏡でなければならない。ところが、日本の食文化を支える食材は、今やその多くが海外から輸入される。天ぷらウドンを食べたら、その食材の中で純国産品は水だけだった、という笑えぬ話が語られてから二〇年ほども経過した。日本の食糧自給率は下がる一方である。つまり、日本の食文化が日本の自然環境から遠いものになりつつある。その結果、伝統的な日本食文化が衰退しているのが日本の現状である。

環境には自然の環境だけでなく歴史的に形成された文化的環境もある。日本は大陸から大きな影響を受けつつ日本独自の文化を形成してきた。したがって日本の食文化の背景には中国や朝鮮半島の文化がある。ことに琉球は中国東南部の文化の強い影響を受けて独自の食文化を形成しており、これを日本の食文化に包含すべきか議論があるところだ。同様に民族として別箇の歴史を持つアイヌの食文化も、日本の食文化の範疇を越えている。現代の日本という視点よりすれば、もちろん沖縄も北海道も日本の食文化として広くとらえるべきであるが、ここに歴史的環境のズレがある。

日本の食文化が独自の展開をとげた一九世紀の明治維新（一八六八年）までは、北海道の最南部から鹿児島まで、地域ごとにほぼ完結した食文化を営みながら、ほぼ共通した性格をもっていた。国内で遠隔地から運ばれる昆布や塩蔵品など別として、地産地消というのもおこがましいような自給体制の中で食文化を育んできた。ただその段階では交渉が少なかった琉球やアイヌの食文化は、日本にほとんど受け入れられていない。むしろ長崎を窓口としてオランダや中国の清朝の食文化が一部の人びとに受け入れられている。こうして一九世紀前半には、今日いうところの日本料理の基本的な性格や料理、献立が完成されていた、と見てよいだろう。そこで、幕末までに完成されていた（アイヌと琉球を除いた）食文化を、狭義の「伝統的日本食文化」と考えておこう。

明治維新後、文明開化を通して日本人は積極的に欧米の文化を学び、取り入れた。食文化も例外ではない。かつて奈良時代に遣唐使を派遣して唐の文化を日本に移植したように、留学生やお雇い外国人などを通して急激に欧米の文化が流入した。その中に食文化もあった。はじめは西洋料理として紹介された欧米の食もまもなく日本の食と融合し、いわゆる和洋折衷料理が工夫された。その実態はさまざまで、大部分が日本人の嗜好に合わず消えていったが、中にはまさに新料理として日本の食の典型となったスキヤキやライスカレー、オムライス、トンカツ、コロッケなどが誕生している。このような文明開化以降に新しく工夫され、日本人の生活の中に定着した料理、さらに素材、調理法、道具等々を含めた食文化は広義の「伝統的日本食文化」と呼びたい。その背景には琉球や北海道も含まれた日本があった。

在来野菜の定義として三代にわたって作りつづけられた野菜といういい方があるが、食文化としても、三世代をさかのぼって常食されてきたものを広い意味で日本の伝統的食文化に含めることに大方の異論はないと思う。ほぼ昭和三〇年（一九五五）ごろまでに家庭で常食化していた食べものと考えておこう。

なぜ、このような回りくどいものいいをするのかといえば、日本の食文化といった時、思い浮かべるイメージは、人によって全くといってよいほど共通項がないからである。イメージはバラバラである。はたして焼き肉は日本の食文化か。キャベツは日本の食材か。議論をしはじめたらキリがない。

極端な人は日本人が作った料理はすべて日本料理である、という人もいれば、郷土食といわれるものから日本の食文化をイメージする人もいるわけである。そうした混乱を避けるために、幕末までに形成された狭義の「日本の伝統的食文化」、高度経済成長以前に日本の家庭で常食化していた広義の「日本の伝統的食文化」という二つの歴史的な時期区分で和食の枠組みを考えてみようというのが、私の提言である。しかしこの枠組みも決して厳密なものではない。地域により階層により常食としたものには大きな差がある。このようにあくまで大雑把な線引きにすぎないが、狭義にせよ広義にせよ、日本の食文化の中核にあるものが、「和食」という食事スタイルであると考えておきたい。

2 和食と一汁三菜

日本料理と和食について一言述べておきたい。日本料理も和食も、当然、文明開化の時代に西洋料理（洋食）が生まれた時、これに対してできた言葉で、日本料理は石井泰次郎の『日本料理法大全』（明治三一年）において一般化したものである。和食の初見はまだ見出せないが、さらに時代は下るであろう。しかし、日本料理といった時のイメージは、料理屋で提供される高級料理のイメージがあり、家庭食に重点を置いて日本食文化の全体を見ようとすれば和食という言葉の方がふさわしい。

和食の一番基本的な要件はご飯である。ジャポニカの米を水炊したご飯を主食とすることが和食である。もちろん麺類も餅も和食のうちではあるが、麺類や餅が主食となるのは副次的な和食のコースと考えておこう。次の要件は汁である。汁は味噌汁だけではない。塩味の清まし汁もある。潮汁《うしお》のように魚を素材とする汁もあれば、野菜や豆腐などを具とする汁もある。ここで一つ断っておきたいことは、汁と吸物の違いである。汁と吸物の違いは調味料や具材の質や量によるものではない。ご飯と一緒にとるものが汁で、吸物とは酒とともにとるものである。ともに飲食するあいてによって呼称がかわる。吸物でご飯を食べるということは本来いわぬことで、吸物で一献というように吸物は酒とともにすすめるのが正しい。

ご飯を食べるのに、日本人は昔から汁を飲んだ。まるで汁がなければご飯が食べられないようだ、と四〇〇年前のポルトガル人の記録にみえる。それほど汁が好きだったから、ぜいたくな料理を出そうとすると、二種も三種も汁を出すことが江戸時代の献立ではしばしばあった。これを本膳料理といって、二の膳つきの場合は必ず汁が二種つくことになっていた。しかし、庶民の間では汁は一種とした。ただし汁はおかわりしてよいもので、一度まで許されたが、二度目の汁のおかわりは勧められても断るのがマナーである。

漬けものも和食に必須の要件である。漬けものはほとんどが塩漬けで、乳酸発酵した場合、酸っぱく塩からい漬けものとなった。日本では酢漬けは発達しなかった。塩に糠《ぬか》を加えて漬ける糠漬けには独特のうま味と香りが加わって、日本人が愛好する漬けものの代表格である。こうした香りを楽しむという意味で「香のもの」といったり、そのみずみずしさを楽しむところから「お新香」といったりする。この香りは、ことに生まぐさの素材（魚介類）を食べたあと口中をさっぱりさせる効果もあった。近年、発酵させずに、単に調味液に漬けただけの漬けものが増加している。その意味で漬けもの文化もまた急速に衰退している。

和食の要件としてはご飯、汁、漬けものの他にもう一つ、お菜《さい》がある。お菜とは主食に対して副食といわれるもので、主食のご飯をおいしくいただくための「おかず」である。

お菜と肴《さかな》の違いも一言ふれておこう。さきの汁と吸物の関係と全く同じで、同じさしみの一皿であってもご飯と一緒に食べると「お菜」。酒と一緒に食べれば「肴」である。酒と肴は本書では一応外に置くので、ここではお菜だけを問題にしよう。

和食では、菜と汁の数で料理のグレードを表現してきた。庶民の家庭の標準的なスタイルを、古くより一汁三菜といって、汁が一種にお菜が三種というもの言いがある（飯と漬けものは必須でしかも数は一種に決まっているので、変化する汁と菜の数だけを表示する習慣である）。三菜でなくとも、二菜、一菜ということもあるし、ぜいたくな食事であれば五菜とか、極端な中世の本膳料理では七つの膳に二三菜という食べきれないお菜が並べられた例もある。逆に極端に質素な場合、無菜ということもある。飯と汁と漬けものだけ、という粗食の例もかつてはいろいろなところにあった。つまり和食の一つの特徴は要素だけそろえば、お菜の内容は自由度が高い。ある意味でアラカルトであるということである。さしみであれ天ぷらであれ好きなものを組み合わせることができるし、お菜の数の多いか少ないかの違いと考えれば、料理屋料理も家庭料理もひとつづきのものとすることができよう。さて、ここでは和食の中で標準的な数として三菜を論じることにしよう。

三種のお菜はその中に主従の関係がある。つまり主菜と副菜である。もしも主菜を焼魚（天ぷらでもさしみでも何でもよいが）とすれば、副菜としてより軽い料理が二種つく。ここで大切なことは、汁のおかわりが一度は許されたようにご飯のおかわりも許されていたことで、むしろ一膳飯といってご飯のおかわりをしないのは不作法であった。人びとは少ないお菜を大量のご飯と食べ、ご飯の量でカロリー量を充足されるのがかつての和食の基本的な食べ方であった。

3　和食の構造

和食の構造とその歴史的変化を図示するための仮説として四面体を作った（次頁参照）。食を食材、料理、栄養の三つの要素で考えるのが一般的であろうが、ここに「もてなし」という要素を加えることで、食空間、室礼、美的表現、食事作法などを加えようというのが、この四面体の特徴である。

この四面体の中央にはグレーゾーンの球体がある。これは和食にもかつて栄養不足の時代があったことを示している。さきにも述べたように、塩分の多いお菜と大量のご飯でカロリーを補っていた時代の和食が栄養学的に理想的だったわけではない。しかし、一九五五年以降、急速に食糧事情が改善され、たんぱく質、脂肪分の摂取量の増加にともない、栄養価の高い食材が十分供給されて、それま

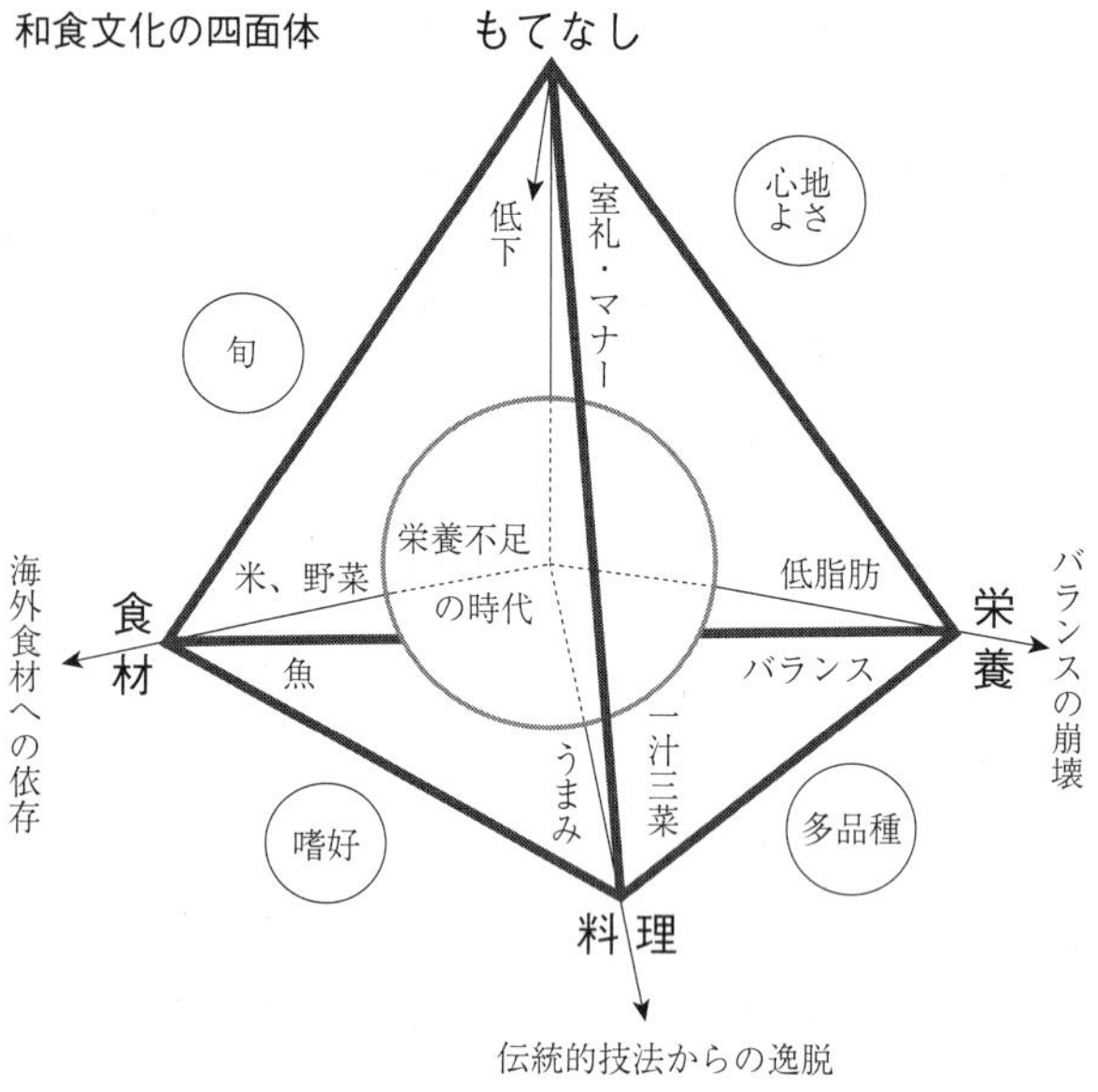

での栄養不足が克服された。しかし、一汁三菜の和食の構造はよく守られていた。それが和食を基本とする日本型食生活と呼ばれた理想的な日本の食文化の型である。しかし、今それが破れ、現在から未来に向かって和食の枠が越えられようとしている。そうした歴史的変化を示す時間軸を正四面体の中心より各頂点への線で表現している。のちにも述べるように、日本の食文化はカロリーバランスの上で理想的とされ、そのデータのもとに一九八〇年代に日本型食生活が推奨されたことはよく知られている通りである。その状況を示すのが、正四面体の頂点としている。しかし、さきにも述べたように、一汁三菜の和食が昔から理想的なカロリー量を充足し、かつバランスがと

れていたわけではない。第二次世界大戦後の急速な経済成長の中で食生活が豊かになった結果、はじめて理想的な日本型食生活ができあがった。つまり栄養不足のグレーの球体の中心から、各頂点へ向かってそれぞれの展開があり、各頂点が正四面体をなす状況を日本型食生活の典型としてとらえて作図されたのがこの構造図である。時間軸はさらに外へ向かって延びていく。日本型食生活が提言された一九八〇年段階では自給率も高く、ことに鮮魚や野菜はほぼ一〇〇%自給していた食材も、それ以降は海外依存率が高まり、この理想的な正四面体の外へ逸脱していることをこの図形は示している。

さてここで、この各項目について簡単にコメントしよう。

1 食　材

日本の国土は南北に長く、温帯に属している。季節風の影響を受けてモンスーン気候のもと、四季のはっきりした変化をみせ、平均雨量も一八〇〇ミリメートル（世界の平均は七〇〇ミリメートル）で、恵まれた自然環境にある。しかも周囲は海にかこまれ暖流と寒流のあいまじわる海域は、実に豊富な魚介類の宝庫といえる。また平野部は二五%にすぎないとはいえ、山野から生まれる自然の恵みは多種多様にして食卓をにぎわせてくれる。つまり、和食という日本の食文化の特質は、日本のこうした自然の恵みともいえる多彩な食材によって支えられているといって過言ではない。端的にいえば、和食の特質は「自然の尊重」という点に集約できよう。

和食の食材は、狭義の「日本の伝統的食文化」の中で考えれば、米を中心とする穀類、野菜、魚介類と海藻が主たるもので、これを調理するについて味噌と醬油が日本独自の味わいをつくっていた。野菜は明治以降、西洋野菜が急速に普及した。キャベツや玉ネギなど古来あったように思われているかもしれないが、近代になってはじめて栽培されるようになった。しかし、これらの明治以降、広く栽培されてきた野菜は十分和食の素材と考えてよい。基本的に和食にはサラダのように野菜を生食する習慣は稀であった。ゆでたり焼いたりして加熱された野菜を食べるのが和食の伝統である。したがってつけ合わせのキャベツのようなものを除いて、野菜サラダなどは和食の枠外となろう。

逆に鮮魚に関しては生食することが和食の一つの特質となっている。ただ今日のように日常的に魚を生食することは海岸の住人たちを除いてほとんどなかった。煮魚、焼魚が日常の主菜となることが多かった。また塩漬け、味噌漬けなど、保存のために魚を調味料に漬けることも多かった。こうした状況を一変させるのは流通網の発達と電気冷蔵庫の普及で、その結果、調味料としての塩分の摂取量を改善させることになった。また遠洋漁業の発達によって魚の品種も増加し、近海物を圧倒しているのは周知の通りである。

それにしても、近代におけるスシの発展には目をみはるところがある。スシの起源が東南アジアであり、本来は魚の保存法から発展したものであって、その伝統が日本にもナレズシとして分布していることはいうまでもない。しかしこのスシのきた道をたどっても、日本のような生の魚をスシ飯にのせて食べるハヤズシ（早鮨）に発展させた国は他にない。日本の食文化の基調にある自然の味わいをできるだけ手を加えずにそのまま味わいたいという願望が、こうしたハヤズシやサシミの文化を大きく発展させたのである。自然の尊重という和食の特質は生の魚を存分に味わうところに最もよくあらわれているといってよいだろう。

野菜に関する変化についても簡単にふれておこう。野菜の消費は統計的に把握できない私的な栽培や流通が戦前に多かったことを考えると、戦後も戦前もあまり量的な変化はないともいえよう。むしろ一九八〇年をピークに下がっている理由が問題で、一九八〇年と二〇〇八年の野菜の購入量の変化をみるとダイコンが三〇％ほど減少しているのが目立つ。容易に推定されるこの要因は、家庭で漬けものを作ることが減少したからであろう。家庭の食の外部化はこのようなところにもあらわれている。日本の食文化として注目したいのは伝統野菜である。京都では京野菜としてブランド化に成功しているが、日本全国各地には、現在も特徴のある野菜が残っている。今から三世代前くらいに日常食としていた野菜が伝統野菜とされているが、その中で消滅したものを復活させたり、焼き畑農業と合わせて生産する試みがあり、これは伝統の保持という観点からも非常に大切な運動だと考えられる。

米と野菜と魚介類を中心とした和食の衰退に反比例して、肉類の需要が増加してきた。さきの和食文化の四面体の食材が海外へ依存する傾向がこれを示している。鶏肉、牛肉、豚肉を和食の食材とすることは一向にさしつかえないが、和食の中核には置きがたい。魚介類に比べれば副次的な食材であろう。また、国内の畜産のために飼料の輸入が増加することから、さまざまの問題を生じていることは本来、日本の食文化と環境との共生を、畜産がどこかで乱している結果であることも考慮しなければならない。ちなみに、この七〇年間の変化を見ると、一九三五年段階で国民一人当たりの供給料が肉類では二キログラムに過ぎなかったのが、急速に高度経済成長期以降伸長し、二〇〇〇年には二八・八キログラムと一四倍に増加している。また鶏卵は七・四倍、牛乳・乳製品は三・二キログラムが九四・二キログラムへとほとんど三〇倍に達している。こうした食材の変化が、そのまま和食の変質を意味しているのである。

2 料理

和食の基本的な献立を一汁三菜としてさきに述べたところであるが、さらにその調理と技術について簡単にふれておこう。まず水の問題は注意する必要があろう。日本の調理が水を豊富に使うことで食材がよく洗われ、衛生が管理されるばかりか、食材の雑味をとり、食べやすくなることが指摘されている。また主食である米の水炊には水のよしあしが決定的な意味を持つし、また豆腐のような食材や麺類でも水は重要な要素である。また水はまな板と調理道具とも関連があろう。まな板は単に食材を切ったりつぶしたりする場であるだけでなく洗い下ごしらえをする場でもあって、ここで水をふんだんに使うことで、安全が保たれている。さらにまな板はできた料理をとりあわせ盛りつける場ともなるように、その機能は、日本独特の先の細いまな箸とともに和食には必須の道具である。また調理道具の中で日本独自の片刃の庖丁も、さしみを中心とする微妙な日本料理の風味をいかすために必須の道具である。

こうした日本の料理がめざすものの一つはうま味であり、それを抽出するだしである。料理にだしを用いてうま味成分を生かそうという発想は、今から約八〇〇年前の鎌倉時代にはじまると思われる。『厨事類記』という鎌倉時代の書物に調味料の一つに「たし」という文字が見える。その後三〇〇年ほど経過すると昆布や鰹節を用いただしが成立する。一七世紀初頭に出版された『料理物語』には数十回もだしが登場し、ほとんどの煮物や汁のベースにだしが用いられている。さらに江戸時代の料理書にはいろいろなだしの取り方が見え、徹底的にうま味を抽出させるためか、昆布でも鰹節でも長時間煮出し、沸騰させて煮詰めるようにだしを作っている例も少なくない。昆布についても煮出すことが多かったが、なかには水出し法として水につけてだしを取った例もみえる。

日本人が数百年の間、だしとそこから引き出されるうま味にこだわりつづけた結果、近代となって池田菊苗博士によるところのうま味成分の発見という世界的な食文化の快挙がもたらされたのである。味の素の発明はうま味を追求してきた和食文化の歴史から生まれたともいえよう。

さきの和食文化の四面体でいえば、料理の方向の中で一汁三菜の様式とうま味を中核とした日本人の嗜好が、今や逸脱しつつあることが示されている。

3 栄　養

海外で日本料理ブームがひき起こされた要因は、日本食は健康によい、という一点であった。その背景には日本人の長寿化と、一九七〇年代の日本の高度経済成長という経済的成果が結びついていた。その秘密は日本の食にあるとアメリカ人が考えるようになって、日本食ブームがおこるのは一九八〇年代以降であった。しかしその以前に、アメリカは食と健康の点で危機感をもっていた。その結果、アメリカ人の食生活に警鐘を鳴らしたのが一九七七年のアメリカ上院に提出された「マクガバン　レポート」である。このレポートには日本について何も書かれていないが、当時アメリカ人が直面していた食と健康の問題点から見て、日本の食文化がアメリカよりはるかにすぐれていると考えたのが、日本の食生活研究者たちであった。

それまでの欧米追随型の食生活改善運動から一八〇度転換して、アメリカを反面教師として伝統的な日本食文化に根ざした「日本型食生活」を宣言し、そのもとに食生活指針をまとめたのが一九八〇年のことであった。こうして注目された日本型食生活における栄養面は、いわゆるＰＦＣバランス（タンパク質・脂肪・炭水化物）の摂取エネルギー比率が、それぞれ一三・〇％・二五・五％・六一・五％とほぼ理想的であった。まさにこれは和食のすすめに他ならない。

しかし現在の日本人の食生活の動向はこれに一致しない。ここでも和食文化の四面体は崩れつつある。平均化された数値だけを見ていると、まだ日本の食生活は極端に悪化しているとはいえないが、実態は両極分解しているのではないか。比較的上質な食生活を送る人びとや高齢化の状況も手伝って総体としてはカロリーの摂取量は減少傾向にあり脂肪の摂取量もさほど増加していないが、若年層や、都市のある階層の中では極端に片寄った食生活が営まれている。今、食生活を通して健康を求める欲求は一段と強まっているのだから、健康的な和食に日本の若い人びとが回帰する契機として、ユネスコの無形文化遺産に和食が登録されることが望まれる。

和食文化の四面体の中で、もてなしと栄養の稜線に「心地よさ」という言葉を置いた。おいしく、楽しく食べることで、栄養の摂取はより効率化されよう。時間の余裕も生まれ、家族や友人と共食することが、単なる食欲を満たすためだけの食事と異なり、家族やコミュニティーの結束を強め、豊かな対話の場となるであろう。さらにゆっくり食事を楽しむことが、栄養摂取、カロリー摂取の上でしかるべき抑制を生むと思われる。それを「心地よさ」と表現したのである。

4 もてなし

この頂点だけ、時間軸が逆方向に向いている。食材も料理も栄養も、不足あるいは簡便な状態から充足、複雑化し、より豊かになる方向へ進み、現代の時点で、さらにその方向に加速されようとしている中で、もてなしの質は逆に貧弱の方向へ向かっているのではないかという疑問を、この逆方向の矢印に表現したかったのである。明らかにもてなしの質は低下している。

ここでいうもてなしとは主人が客をいかにもてなすかというサービスだけをいっているのではない。食事の場のふるまい方全体を指している。その中には食事のマナーや室礼といった食の場の設営の仕方や、それを鑑賞する態度も含まれる。

和食には独自の作法がある。たとえば膳に向かって食べはじめるのに、まず最初に「いただきます」という挨拶を全員でする。これは自然の恵みによってわれわれが生かされているという思いから出たものである。次に何をどのように食べるか、箸をどのように使うか心得がある。和食の食べ方として注意されるのは、ご飯とお菜、あるいはご飯と汁というように交互に食べ、いつもご飯を間にはさんでお菜や汁をとるのが本来であった。これに違反することは、古くは「移り箸」として箸のタブーの一つとされ、お菜からお菜に箸を移してはいけないとする箸の作法の一つであった。比較的味の淡薄なご飯と味の濃いお菜が口中で適宜咀嚼《そしやく》されておいしく食べられると考えられてきた。近年はお菜が豊富となり、お菜だけを食べる習慣が強くなっているが、逆にもっとご飯を食べバランスのよい食事をするためには、この方法がよいと見直され、三角食べ（お菜―ご飯―別のお菜）と称して給食で勧められている。

箸と器の作法も次第に消えつつある。箸はさきの「移り箸」をはじめ、箸で器を寄せる「寄せ箸」や料理を箸でさして取る「さし箸」ほかいくつもの嫌い箸といわれる箸のタブーがある。箸の正しい持ち方とともにこうした箸の作法も教えてゆく必要があろう。

日本の食具には明治時代にスプーンが入ってくるまで匙の伝統が奈良時代以来、消えていった。そのため熱い汁を飲むには椀に唇をつけてすすらねばならない。その結果、日本では食器を手に持つことが許され（そのために熱くなりにくい木製の椀が発達した）、食事中の音に対して寛容な風潮が生まれた。

和食はハレの食事の場合、そのハレの意義を料理や室礼を通して表現した。祝いのハレの席であれば、めでたい掛け軸を床の間に掛け、季節の花を活け、料理にも器にもその祝意を表現し趣向をこらした。しかし、和に関する教養が衰退し、こうした趣向や室礼はほとんどかえりみられなくなった。もはや、これをとりもどすことはむずかしい。しかし趣向は食文化の大切な要素なので別のかたちで継承されていくであろう。

4　和食の未来

和食に未来があるか、誰にも予測はできない。さまざまの変化をとげながらも和食の伝統は続くであろう。そう願っている。「和食は体によい」——これは、和食を勧める最大のセールスポイントである。しかしいかに健康によく栄養バランスがよく、カロリーをとりすぎないと勧めても、それだけで健康になるわけではないから説得力に限界はあろう。遠隔地から大量の食糧を運ぶのは明らかに環境破壊である。エコロジーの観点から和食が日本人に最もふさわしいことはいうまでもないが、日本人の嗜好が大きく変化している中で、日本の食材だけで満足するのはむずかしい。

和食が選ばれるために一番大切な点は「おいしい」ということだ。では和食は「おいしい」か「おいしくないか」どちらであろう。

従来の各種アンケート調査の結果を見ても、日本人は今も白米のご飯が主食として一番好きである。また副食の中で最も好まれるのはサシミである。味噌と醤油に対する嗜好も日本人の中で消すことはできない。和食のかたちはしっかりと残っている。問題は多様化する食材、味つけ、表現をどこまで和食がとり入れ、その基本的性格を受けついでゆけるか、という問題であろう。

二〇〇七年、私はニューヨークのマンハッタン地区の日本料理店の調査に行った。そこで見聞したのは、マンハッタンに住む多くのミドルクラスの人びとが日本料理に舌鼓を打つ光景であった。しかし料理を見ると和食に違いないが、常識的な和食にくらべるとインパクトが強く、オイリーな仕上げになっていることに気づかざるを得なかった。たとえば白身のスシに、ワサビの他にタバスコをのせたり、銀ダラの幽庵《ゆうあん》焼きの上から白味噌のソースをかけ柚子胡椒《ゆずこしょう》を添えるなど、アメリカならではの工夫があると思われた。しかしよく話しを聞いてみると、ほとんど同じ料理が日本で供されて若者に人気があるという。海外も国内も和食の変容がシンクロナイズしているのに驚かされた。極論をすれば、海外の動向は国内の和食の動向を占うヒントになろう。こうしたさまざまの可能性をふまえて、和食の未来が考えられなければならない。

それにしても、先細りする和食の嗜好をいかに再び再生させるか、その方法が問われている。食は生きものであるから外部からその動向がコントロールされるわけではない。長期的に見てその傾向を鈍化させ、あるいは再生させるために有効な道は食育であろう。親から子へ家庭の食が伝えられる可能性は大変低くなっている。むしろ、学校で食育を積極的に取り入れ、幼い時から和食のスタイルとおいしさを経験させる必要がある。そのためには給食のあり方ももう一度考えなおす必要があろう。米飯給食であればその傍らには牛乳ではなくて味噌汁を置いてほしい。また料理人が学校へ出張して、だしのおいしさを子供たちが経験する試みも数多くおこなわれている。こうした地道な運動が、地域のコミュニティーや家庭でも続けられることによって、今われわれが当面している和食文化の危機はいくぶんかは回避されると思う。またそのためにも、日本人がみずからの食文化である和食に対し誇りをもち、かつその価値を次世代に伝える強い意志をもつことが望まれるのである。

日本における家族の変化と食生活

林　在圭

はじめに

ここでは家族の変化を追いながら食について考えたい。日本では、夫婦家族化が進展しはじめたのは戦後からである。敗戦後の日本社会の変革は他律的な法制度の変革から手がつけられた。しかし家族生活に直接関係したのは一九四八年（昭和二三）の民法改正であろう。そこでは民主主義の原点として、家制度の変革が声高らかに叫ばれた。いわば「家制度」から「友愛家族」への転換であると言い換えてもよかろう。(1) 戦後は、「欧米に追いつけ・追い越せ」をスローガンにして、近代家族が登場し経済復興を遂げることができたが、その代わりに多くの歪《ゆがみ》が生じたのも否定できない。

ところが、二〇一一年三月一一日に日本は未曾有の大震災（東日本大震災）に見舞われた。こうした緊急の場合には最も頼りになるのが家族や親族という血縁ないし疑似血縁的紐帯（擬制的親子関係）であることを知らしめた。現代社会では、人は家族や少数の仲間から連絡を断つだけで容易に「蒸発」してしまうことを考えると、家族は最終的に頼りになるもので、最後の避難所となる。したがって、依然として家族は個人の生活の中軸であり、家族は心でつながり合うものでなければならない。そのためには家族における食は非常に重要ある。そこで本稿では、伝統的な家制度の特徴と家の生活、近代家族の特徴を整理したうえで、現代家族における日常食の現状について考察し、近未来への提言としたい。

1　家　制　度

「イエ」とは何か。この問に対して、「同じ家に住む人々の集合体である」と答えたとしても、おそらく答えにはならないだろう。その複雑さを明らかにするために、戦前の日本の家について、以下のように箇条書きにして整理することにする。

①日本の家は第一義的に経営体である（有賀はこれを「生活集団」と呼ぶ）。そのため、家父長制的性格をもち、家の繁栄と永続が期待される。

②家は経営体であると同時に消費の単位でもある。それは、経営体における経営と消費の単位における家計との結合であり、家政として維持される。

③家の成員は家族と非家族からなる。家族は家の支配者であるべき嫡系家族とそれに帰属する傍系

家族とに分けられる。さらに非親族も加わり、大家族を形成しうる。

④家の発展は、傍系家族をして分家・別家として分岐させる。新しい家の条件は、親族・非親族によって分岐されるが、それには差がある。

⑤分家・別家は、それを生み出した本家を中心に同族団を形成する。本家から生み出されたものではないが、有力家を頼って同族団の一員となり頼み本家とする家もある。これが親分子分関係あるいは親方子方関係と呼ばれ、擬制的親子関係となる。

⑥家における支配・服従関係をオヤコ（親子）関係という。もちろん、親族・非親族を問わず単一の家内部における支配従属関係は親子関係であるが、同族団内部の本家と分家・別家の関係もまた親子関係である。

⑦経営体であると同時に消費単位である家は、近代化ないし資本主義の発展とともに解体し消滅する。そして、経営体としての家は家政の域から離れ、企業となって活動し、経営体と消費単位は分離（すなわち経営と家計は分離）し、住居と職場も分離し異なる。

⑧家は解体し、家における家族は分解して、単なる消費単位としての近代家族となる。

2　家（家族）の生活

家を内側から支えている人間集団が家族である。家族は人間生活の最小単位であり、また生産労働の基礎集団でもある。夫婦を基軸にしながら複数人員によって構成されるのはもちろんのこと、家の永続性が希求されることから複数の世代から成り立っているのが普通である。家族構成は夫婦のほかに、親子・兄弟といった血縁関係者が主要構成員となっている場合が圧倒的に多い。しかし、血縁であることが絶対的な条件ではない。生産労働を維持していくために一時的に奉公人を含むこともあるし、また後継者がなければ養子を迎えることもあるからだ。

土地の経営規模が大きくて多数の労働力を必要とする場合、なかでも弟などは嫁を迎えてもそのまま同居するという例も多く、そうなると一〇人以上が同居する大家族も稀ではない。この典型的な事例が合掌造りで有名な岐阜県の飛驒地方（白川村中切地区）の家族形態である。かつて、そこでは家の分出が極度に制限されていたために複数の家族が寄り合い、複合大家族の形態をとっていた（図1）。

筆者が一九九〇年代に調査を行った山梨県芦川村では、家長権を有するのは男方であり「オヤカタ」と呼ばれる。かつての家長は家系の維持者としての役割を負うだけでなく、家の祭りを司《つかさど》るのも家長の大切な任務である。さらに、箸の製作が家長の手によって小正月の一三日に行われていたなどという習慣にも注意しておきたい(2)。「家」を継ぐといったさいの「家」とは、さまざまな神祭りを継ぐことでもあるのがよくわかる。家の永続を考えたのは、祖霊を祭る者を絶やさないためでもあった。家における家族は対等ではなく、役割によって異なる。そのため、その地位を示す家族名称が発

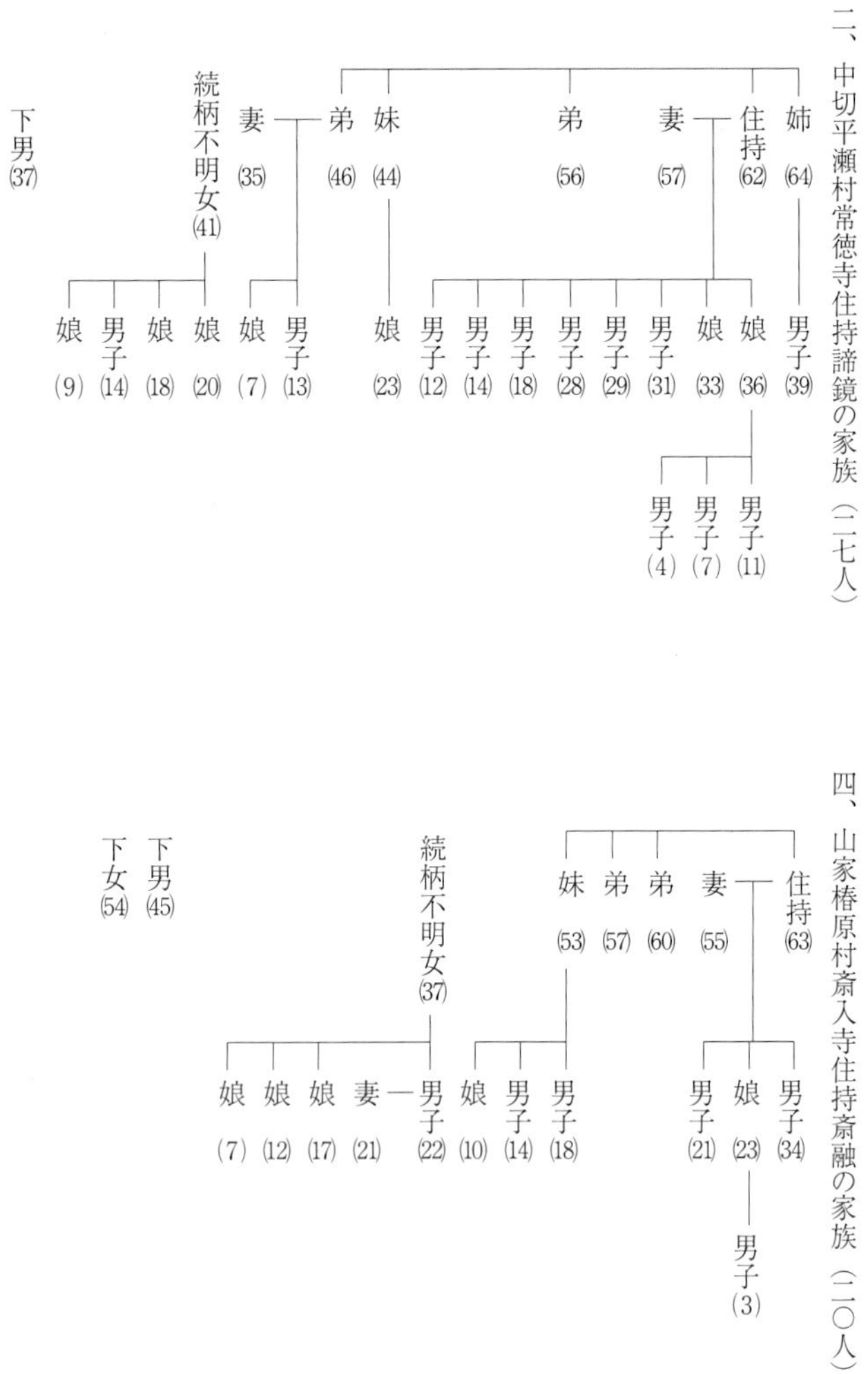

図１　文化年間の白川村中切地区の大家族（『白川村史』より）

達している。長男をソウリョウ（アニ）、長女をソウリョウムスメ、末っ子をシメエッコ、中の子をナカッテエ、主人をオヤカタ、主婦をオカッサンなどと呼ぶ類が家族名称である。[3] こうした名称や呼称には家族生活の特性が無意識のうちにあらわれている。

家族における地位を可視的にあらわすひとつが座順である。家族における座順について簡単に述べておこう。長い時代にわたって家族生活は囲炉裏を中心にして営まれてきた。囲炉裏は食事や家族団欒《だんらん》のための唯一の場所として使用されていた。[4] 囲炉裏を囲む四方に座るわけであるが、それぞれ座る場所が決められている。呼び名は別にしても、これは日本全国同様であるといわれる（図2）。その座順は厳格に定められており、座敷を背にして家長の座るヨコザ、ヨコザの対面で最もドマに近い場所がキジリである。[5]「ヨコザには猫と坊主と馬鹿が座る」との戒めがあるところからもわかるように、ヨコザは家長のみが座る座とされ

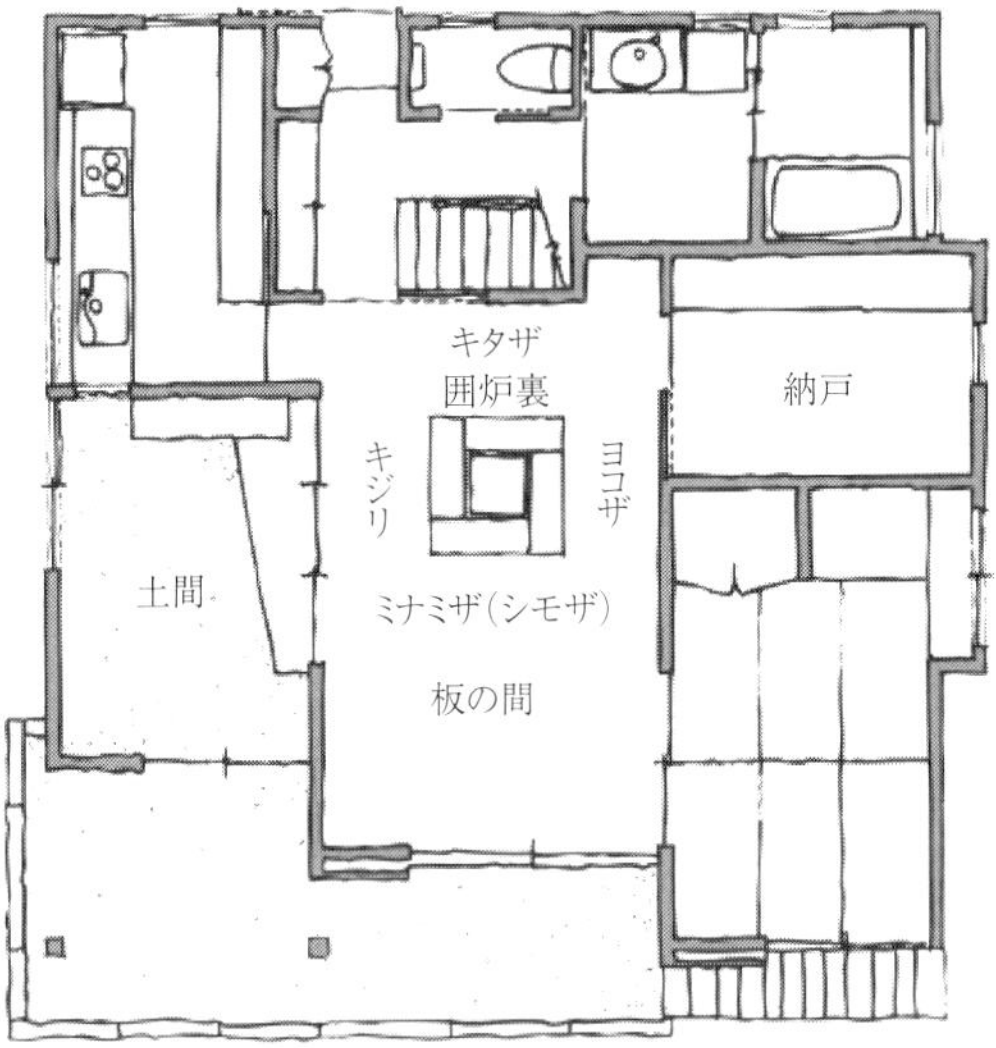

図2　囲炉裏と座順

絶対的な威厳があった。ヨコザの両脇は方角によって、キタザ・ミナミザと呼ばれる。ミナミザはドマに近いところからシモザ（下座）ともいう。キジリは嫁、キタザ（「タナモト」とも呼ばれる）は主婦、ミナミザ（下座）は老人や客人の座（「マタ座」とも呼ばれる）とされた。キタザは主婦の座であるところからカカザ、ミナミザをキャクザ（客座）とも呼ばれる。居間においては、このように座順の位置が決まっていたが、主人が中心となるヨコザに座り、外からの客を迎えもてなすのである。このように家は人との触れ合う構造を複数もっており、それはコミュニケーションをとるために重要な意味をもつ。とくにそれを媒介するのは食であることを忘れてはならない。

3　近代家族

家がもはや経営体ではなくなった近代家族では、形態的には家からまず非親族成員の脱落と傍系親族の分出によって、小家族化・核家族化が行われた。大まかにいえば、大家族は直系家族へと、そして直系家族は夫婦を中心とする核家族への解体過程をたどる。

家は第一義的には経営体（経済活動が中核をなす同心円的構造をもつ）であって、血縁的には多核的な人間関係から成り立っている。しかし、家族は夫婦・親子の血縁的・親族的な人間統合（血縁関係が中核をなす同心円的構造をもつ）を基底にして家族意識が生まれ、感情的に緊密に融合する生活協同体である。(6) 家的生活集団（経営体）は生産と消費にわたる多くの生活機能が複合し、家族的生活

表1　年度別の1世帯あたりの平均世帯人員

1920	1925	1930	1935	1940	1950	1955	1960	1965
4.99	4.98	5.07	5.13	5.10	5.02	4.97	4.52	4.08
1970	1975	1980	1985	1990	1995	2000	2005	2010
3.73	3.48	3.25	3.17	3.01	2.85	2.70	2.58	2.59

注：総務省統計局「国勢調査報告」Population Census of Japanより

協同体では消費生活に限定する傾向が強くなる。ファミリー（family）という英語で想起するのは、まさに夫婦親子兄弟の小単位の核家族である。

戦後、「日本的経営」と呼ばれる産業構造を生み出し、もう一方でそれを支持する仕組みとして私的生活領域としての家族と公的生活領域としての職場の間の性別分業化および家族の中の性別分業化（夫＝稼ぎ手、妻＝主婦という性別分業をベースとするもの）が起きた。企業中心の生産工場に貢献する労働力を確保すること、その労働力の維持・再生のための家族という組み合わせが、産業化の枠組であったといえよう(7)。一人の男性労働者の賃金は、自分と妻とその子供の生活を支える額として与えられ、それによって、労働力の生産と再生産、資本家的生産様式の再生産がなされるようになったとき、古い家制度は崩壊し、核家族が成立してきたのである。家族は、賃金労働者の賃金によって扶養される夫婦・親子の小さな近親集団としての小家族を意味するものとなってきたのである。つまり、夫婦の配偶関係や親子・兄弟などの血縁関係によって結ばれた親族関係を基礎にして成立する小集団である。そのため、愛情・信頼関係にもとづく基礎的集団であり、夫婦親子兄弟からなる核家族は、現代における家族の支配的な形態となっている。

表1は年度別の一世帯あたりの平均世帯人員を示したものである。一九五五年（昭和三〇）には四・九七人であった平均世帯人員が一九九〇年（平成二）には三・〇一人となっている。さらに、一九九四年（平成六）の国民生活基礎調査によると、一世帯あたりの平均世帯人員は二・九五人となり三人を切るにいたっており、二〇一〇年現在では二・五九人である。

〈女性の社会進出〉

一九七〇年代後半以降のサービス業の発展は、とくに従来家庭内の領域に属する作業に産業が入り込み、家事作業を産業として企業が提供することによって、そのサービスを金銭で買う主婦たちは家事から解放された。それによって得た時間とエネルギーを就業というかたちにかえる主婦たちを雇用するというふうに、主婦の就業を促進する、あるいは、主婦の労働に支えられたといえる。

家事の機械化（電化）や外部化（既製品購入やサービス購入）により家事の省力化が進んでいるが、既婚女性の就業は主婦労働の域を出ないのが大半である。しかし、妻＝母の就業により、家庭生活のパターンに影響がおよぶことは否定できず、収入を手にすることで女性の意識も変化することのインパクトを無視できない。

〈結婚と離婚〉

近年の顕著な傾向は二〇代・三〇代女性の未婚率の上昇（シングル化）である。男性では二〇代後

表2　日本の出生率の変化

年	1950	1955	1960	1965	1970	1975	1980
出生数(万人)	233.8	173.1	160.6	182.4	193.4	190.1	157.7
出生率(‰)	28.1	19.4	17.2	18.6	18.8	17.1	13.6
合計特殊出生率	3.65	2.37	2.00	2.14	2.13	1.91	1.75
年	1985	1990	1995	2000	2001	2002	2003
出生数(万人)	143.2	122.2	118.7	119.1	117.1	115.4	112.4
出生率(‰)	11.9	10.0	9.6	9.5	9.3	9.2	8.9
合計特殊出生率	1.76	1.54	1.42	1.36	1.33	1.32	1.29
年	2004	2005	2006	2007	2008	2009	2010
出生数(万人)	111.1	106.3	109.3	109.0	109.1	107.0	107.1
出生率(‰)	8.8	8.4	8.7	8.6	8.7	8.5	8.5
合計特殊出生率	1.29	1.26	1.32	1.34	1.37	1.37	-

半と三〇代全体でその傾向が著しい。また結婚のタイミングも（結婚適齢期）も緩やかになっている。結婚に関する意識は、「結婚は当たり前」「結婚して一人前」という考え方から、最近では家族形成のタイミングが著しく遅れ、個人の結婚をライフスタイルの一つの選択肢とする考え方が急速に広まっている。

一方、離婚がもはや逸脱やタブーではなく、女性のみに純血（貞操）を求める規範が衰退している。[8] また、熟年結婚が熟年夫婦による離婚の数値を押しあげている。[9]

〈子供〉

一九七〇年代以降の平均子供数は二人のレベルで一定してきたが、出生率は低下の一途をたどっている。合計特殊出生率が一九七五年に二・〇〇を下回ってから低下を続け、一九九八年では一・三八となった（表2参照）。

終戦直後の出産解禁現象により生じた第一次ベビーブームの頃には期間合計特殊出生率は四・五以上の高い

値を示したが、一九五〇年代には三を割り、一九七五年には二を割り込むようになった。一九八九年には一・五七ショックが起こり、少子化問題が深刻化した。さらに出生率は減少し続け、二〇〇五年には一・二六にまで減少し、二〇〇六年以降再び上昇し始め、二〇〇八年には一・三七にまで回復し、二〇〇九年は前年と同様に一・三七であった。

〈家族のかたち〉

日本が高齢化社会となった一九七〇年代後半から、老親の成人子との同居率が減少し、高齢層の単独世帯が増加している[10]。現在でも息子との同居が多数派であり、老親の介護の担い手も嫁が中心というような、家制度の意識はみられる。一方、晩婚化にともない若い世代の単身期間が長期化すると、その世代の単独世帯が増加している。家族形態の種類の多様化というよりは、既存のタイプにおける割合が変化しており、専業主婦のいる家族はもはや典型ではなくなっている。高齢化の進行につれ、親子という世代間の関係が長期化し[11]、また復層化する。そのため、中年世帯はその親世代と子世代の両方を支援する立場に置かれることになっている。

4　現代家族における日常食

日本の地方都市における日常食の基本パターンを析出するために、静岡文化芸術大学の筆者のゼミ生八人の家族を対象に一週間の食事記録をとった。調査および分析方法は、毎日摂取する食物（料理）の種類とその頻度を調査・分析する。対象家族は四人家族世帯が二戸、五人家族世帯が一戸、六人家族世帯が四戸の計八世帯である。調査時期は二〇一一年六月末から七月初旬にかけてである。

食事記録から動物性蛋白質を考慮して食物（料理）を分類すると表3の通りである。料理名から食物群を分類すると、主食類（A）から後食（デザート）類（M）まで一三群になる。そのうちの主食類は、ご飯（Aa）とパンなどの粉類（Ab）および麺類（Ac）に細分する。

表3　日常食の食物分類

食物		細分類					
A	主食	a	飯	b	粉類	C	麺類
B	ミソ汁	a	肉	b	魚貝	c	野菜
C	漬物	a	野菜	b	キムチ	c	魚貝
D	和物	a	肉	b	魚貝	c	野菜
E	生菜	a	野菜	b	海草		
F	茹物	a	肉	b	魚貝	c	野菜
G	煮付	a	煮付	b	炒物		
H	蒸物	a	肉	b	魚貝		
I	揚物	a	肉	b	魚貝	c	野菜
J	焼物	a	肉	b	魚貝		
K	刺身	a	魚貝				
L	板物	a	肉	b	魚貝	c	野菜
M	後食	a	牛乳	b	果物	c	粉類

ご飯は白米・黒米飯のほかに、おにぎり・いなり寿司・卵ご飯・オムライス・チャーハン・カレーライスなども好んで食べられている。粉類にはパンのほかに、ピザ・ホットケーキ・トースト・サンドイッチも含まれる。麺類はさまざまなものがあるが、うどんをはじめ、そば・素麺・ラーメン・パスタ・スパゲッティ・冷やし中華・焼そば・つけ麺・焼ビーフン・ナポリタンなどが食べられている。

一方、副食類のおかずについては、みそ汁・漬物・和物《あえもの》・生菜・茹物《ゆでもの》・煮付・蒸物・揚物・焼物・刺身・板物・デザート類に分類できるが、これらはその中身によって動物性蛋白質に重点を置いて細分する。

1日常食の食事記録

表3の分類表にしたがって四人家族の二世帯と五人家族一世帯の食事記録を朝・昼・夕食別に分けて整理したのが表4である。四人家族の世帯［1］は祖母（七一歳パート）・父（五〇歳会社員）・母（四九歳パート）・息子（二一歳学生）からなり、［2］は祖母（八三歳）・父（五二歳会社員）・母（五二歳パート）・娘（二〇歳学生）の世帯である。五人家族の世帯［3］は父（四六歳自営業）・母（四六歳パート）・息子（二三歳会社員）・娘（二一歳学生）・息子（一五歳学生）からなる。

表4からわかるように、世帯［1］は朝食をとっておらず、昼食もほとんど外食に依存している。夕食は祖母か母親が用意するが、一食平均二・四品の料理がならぶ。世帯［2］は、朝晩の食事の用意は母親によって行われている。朝食の一食あたりの料理数は平均二品であり、夕食は平均四・六品であるが、この世帯では夕食時に毎食デザートが食されている（デザートを除けば夕食の平均品数は三・六品となる）。世帯［3］は朝食と昼食が母親か娘によって分担されている。朝食はとらないことが多く、昼食は一食あたりの平均料理数が一・〇品であり、これは調査対象全世帯に共通する特徴であるが、麺類かカレーライス・オムライスといったものによって食されている。夕食は母親が用意してお

表4　4人家族世帯と5人家族世帯の摂取食物

		朝食	昼食	夕食
[1] 7/7-13	①	ナシ	Aa(イナリ)，La(焼ソバ)〔購入〕	Aa，Dc，Jb〔祖母〕
	②	ナシ	外食	Aa，Bc，Dc，Ga〔祖母〕
	③	ナシ	外食	Aa，Ia〔母〕
	④	ナシ	外食	Aa(カレーライス)〔祖母〕
	⑤	ナシ	外食	Aa，Bc〔母〕
	⑥	ナシ	外食	Aa，Gb〔祖母〕
	⑦	ナシ	外食	Aa，Ac(素麵)，Dc〔母〕
[2] 6/27-7/3	①	Ab，Dc，Mb〔母〕	AJ(グラタン)〔娘〕	Aa，Da，Dc，La，Mb〔母〕
	②	Ab，Da〔母〕	Aa，Ab〔購入〕	Aa，Da，Mb〔母〕
	③	Aa(カレーライス)〔母〕	Ac〔購入〕	外食
	④	Ab，Da〔母〕	外食	Aa，Da，Eb，Ja，Mb〔母〕
	⑤	Ab，Da〔母〕	Aa，Dc，Fa，Ja〔娘〕	Aa，Da，Fa，Ja，Mb〔母〕
	⑥	Ab，Da〔母〕	Ac〔娘〕	Aa，Da，Fc，Hb，Mb〔母〕
	⑦	Ab，Da〔母〕	Ac〔娘〕	外食
[3] 7/15-21	①	Ab〔娘〕	ナシ	Aa，Da〔母〕
	②	ナシ	Ac(パスタ)〔娘〕	Aa，Bc，Ca，Ia，Ka〔母〕
	③	ナシ	Aa(親子丼)〔母〕	Aa，Bc，Dc，Dc，Jb，La〔母〕
	④	ナシ	Ac(ナポリタン)〔娘〕	Ab(お好焼)，Ac(焼ソバ)〔母〕
	⑤	ナシ	Aa(オムライス)〔母〕	Aa，Ba，Dc，Dc，Jb〔母〕
	⑥	Ab〔娘〕	Aa(チャーハン)	Aa，Bc，Dc，Ja，Jb〔母〕
	⑦	Aa，Bc，Jb，La〔母〕	Ac(素麵)〔娘〕	Aa，Bc，Ea，Jb，Ka〔母〕

表５　６人家族世帯の摂取食物

		朝食	昼食	夕食
[4] 6/27-7/3	①	Aa，Bc，Ca〔祖母〕	Aa(オムライス)〔母〕	Aa，Dc，Ea，Ja，Mb〔祖母〕
	②	Aa，Bc，Ca，Cb〔祖母〕	Aa(オニギリ)〔母〕	Aa，Dc，Dc，Ea，Ia〔祖母〕
	③	Aa，Bc，Ca〔祖母〕	Aa(チャーハン)〔母〕	Aa，Ba，Dc，Jb〔母〕
	④	Aa，Bc，Ca〔祖母〕	Ac(カレーウドン)〔娘〕	Aa，Cb，Ea，Fc，Ia〔祖母〕
	⑤	Aa，Bc，Da〔祖母〕	Ac(スパゲッティ)〔購入〕	Aa，Bc，Dc，Ja〔祖母〕
	⑥	Aa，Bc〔祖母〕	Ac(ウドン)〔購入〕	Aa，Bc，Dc，Ja〔祖母〕
	⑦	Aa，Bc〔祖母〕	Ac(素麵)〔祖母〕	Aa，Bc，Cb，Dc〔娘〕
[5] 6/25-7/1 専業	①	Aa，Bc〔母〕	外食	Aa(親子丼)，Bc〔母〕
	②	Aa，Bc〔母〕	Aa，Ac〔母〕	Aa，Ja〔母〕
	③	Aa，Bc，Dc〔母〕	外食	Aa，Db〔母〕
	④	Aa，Bc，Hb〔母〕	外食	Aa，Da，Dc，Fc〔母〕
	⑤	Aa，Bc，Cb，La〔母〕	外食	Aa，Ea，Ib，La〔母〕
	⑥	Aa，Bc，Ca〔母〕	Ac，Ea〔母〕	Aa，Da，Da，Dc，Dc〔母〕
	⑦	Aa，Bc〔母〕	外食	Ac(スパゲッティ)〔母〕
[6] 6/28-7/5	①	Aa，Bc，Fa，Ja，Mc〔母〕	外食	Aa，Db，Ga〔母〕
	②	Aa，Bc，Dc，Ga〔母〕	お弁当	Dc，Ga，Gb，Ib，Ja〔母〕
	③	Aa，Fa，Fb，Mb〔母〕	Aa，Dc〔娘〕	Aa，Dc，Dc，Dc，Ea，Ia，Jb〔母〕
	④	Aa，Bc，Gb，Ja，Mb〔母〕	お弁当	
	⑤	Aa，Dc，Mc〔母〕	Ac，Ka，Lb〔購入〕	Ac，Dc，Gb，Mb〔母〕

専業	⑥	Aa, Bc, Dc, La〔母〕	Aa, Lb, Mc〔購入〕	Aa, Dc, Dc, Ia, Ja〔母〕
	⑦	Aa, Bc, Da, Ia, Ja〔母〕	ナシ	Ac, Ac, Ia, Ja, Ja〔購入〕 Ba, Dc, Jb, Mb〔母〕
[7] 6/27-7/3 就業	①	Aa, Ea, Mb〔母〕	Fc, Mb, Mc〔母〕	Aa, Fc, Ha〔母〕
	②	Aa, Bc, Da, Ea, Jb, Mb〔父〕	Ab, Fa〔祖母〕	Aa, Dc, Fa〔母〕
	③	Aa, Bc, Dc, Dc, Fa, Jb, La, Mb〔父〕	Aa, Dc, Ea, Eb, Fa〔祖母〕	Ab, Dc, Mb〔母〕
	④		外食	Aa, Da, Dc, Dc, Ka, Mb〔母〕
	⑤	Aa, Bc, Fa, Fc, Jb, La〔父〕	Aa（カレーライス）〔娘〕	Aa, Ea, Fa, Mb〔母〕
	⑥	Aa, Bc, Ea, Gb〔父〕	外食	Aa（スシ）, Ca〔購入〕
	⑦	Aa, Bc, Dc, Ea, Ja, Mb〔父〕 Ac, Ma〔娘〕	外食	Aa, Ib, Jb, Lc, Mb〔母〕
[8] 6/27-7/3	①	Aa, Bc〔母〕	Aa, Aa〔購入〕	Aa, Ca, Dc, Jb〔祖母〕
	②	Aa, Bc〔母〕	La〔お好焼〕〔母〕	Ac, Ca, Dc, Ja〔母〕
	③	Aa, Bc〔母〕	Aa, Aa〔購入〕	Aa, Ca, Dc〔祖母〕
	④	Aa, Bc〔母〕	Aa, Dc〔祖母〕	Aa, Ca, Gb, Jb〔祖母〕
	⑤	Aa, Bc〔母〕	外食	外食
	⑥	Aa, Bc〔母〕	外食	Aa, Ca, Dc, Jb〔祖母〕
	⑦	Aa, Bc〔母〕	Ac（焼ソバ）〔母〕	Ac, La〔娘〕

り、一食あたりの平均料理数は四・三品である。

表5は、六人家族五世帯の一週間の摂取食物を朝・昼・夕食別に分けて、表3の分類表にしたがっ

て整理したものである。世帯[4]は曾祖母（八二歳）・祖父（六五歳農業）・祖母（六二歳農業パート）・母（四五歳寿司屋）・娘（二一歳学生）・娘（一九歳パート）からなる世帯である。世帯[5]は、祖父（七九歳）・祖母（七五歳）・父（五二歳サラリーマン）・母（五一歳専業主婦）・息子（二六歳サラリーマン）・娘（二〇歳学生）かなる。世帯[6]は、祖母（九四歳）・父（五七歳教員）・母（四八歳専業主婦）・娘（二三歳ＯＬ）・娘（二〇歳学生）・息子（一六歳高校生）からなる世帯である。世帯[7]は、父（五八歳自営業）・母（五三歳保育士）・娘（二八歳ＯＬ）・息子（二六歳サラリーマン）・息子（二四歳サラリーマン）・娘（二一歳学生）からなる。最後に世帯[8]は、祖父（七五歳）・祖母（七五歳）・父（六〇歳自営業）・母（五〇歳パート）・息子（二四歳学生）・娘（二一歳学生）からなる六人家族世帯である。

表5によると、世帯[4]は朝食の一食あたりの平均料理数は二・九品である。昼食は一食あたりの平均料理数が一・〇品である（上述したように、主に主食と副食が区別しかねないオムライスやカレーライスなどが食されている）。夕食は一食あたりの平均料理数が四・四品である。この世帯は朝晩の食事を祖母が用意することもあって、おおむねみそ汁が用意される。

世帯[5]は、食事の用意が専業主婦の母親によって行われている。朝食は一食あたりの平均料理数が二・七品であり、昼食は二品、夕食は二・九品である。この世帯では朝食と夕食の料理数がほとんど変わらないことがわかる。世帯[6]も[5]の世帯と同様に、専業主婦の母親が食事の用意をしている。朝食の一食あたりの平均料理数は四・三品であり、昼食は二・七品、夕食は四・七品である。この世帯も朝食と夕食の平均料理数がほとんど同じであるが、品数がとくに豊富である。世帯[7]は就業中の母親に代わっておおむね父親が朝食を用意する。昼食は祖母・母親・娘が分担し、夕食は母親が食事の用意を行っている。父親が用意する朝食の一食あたりの平均料理数は五・〇品で、全調査対象世帯の中で最も高い。昼食の一食あたりの平均料理数は三・七品で、夕食は昼食と同じく三・七品である。世帯[8]は朝食の一食あたりの平均料理数が二・〇品であり、昼食は一・六品、夕食は三・五品である。

全世帯を通して一食あたりの平均料理数からみると、おおむね朝食よりは夕食が重視されている。しかし、唯一父親が朝食を担当している世帯だけは夕食よりも朝食に比重が置かれていることが特徴的である（父親はかたくなに一定のメニューに固執する傾向がみられる）。

つぎに、表4と5の世帯別の食事記録にもとづいて、食物群別に整理し、世帯別に摂取頻度による順位づけをしたものが表6である。表6によると、日常食における副食（おかず）の摂取頻度による序列は、①野菜の和物（D）→②味噌汁（B）→③焼物（J）→④デザート（M）→⑤茹物（F）→⑥漬物（C）→⑦生菜（E）→⑧板物（L）→⑨揚物（I）→⑩煮付（G）→⑪刺身（K）→⑫蒸物（H）の順である。したがって、調査対象世帯における最も頻繁に食されているおかずは、味噌汁（高齢者がいる世帯だけに集中する傾向がある）を別にすると野菜の和物であり、その次が焼物だということがわかる。その次

表6　摂取食物の頻度と序列

	No1	No2	No3	No4	No5	No6	No7	No8	計	序列
Aa(御飯)	8	8	10	17	14	12	14	16	99	73.3%
Ab(パン)	0	8	3	0	0	0	2	0	13	9.6%
Ac(麺類)	1	3	4	4	3	4	1	3	23	17.1%
B(ミソ汁)	2	0	6	11	8	6	5	7	45	2
C(漬物)	0	0	1	7	2	0	1	5	16	6
D(和物)	3	13	6	8	8	14	10	5	67	1
E(生菜)	0	1	1	3	2	1	7	0	15	7
F(茹物)	0	3	0	1	1	3	9	0	17	5
G(煮付)	2	0	0	0	0	6	1	1	10	10
H(蒸物)	0	1	0	0	1	0	1	0	3	12
I(揚物)	1	0	1	2	1	5	1	0	11	9
J(焼物)	1	3	6	4	1	9	5	4	33	3
K(刺身)	0	0	2	0	0	1	1	0	4	11
L(板物)	1	1	2	0	2	3	3	2	14	8
M(後食)	0	6	0	1	0	7	11	0	25	4
計	19	47	42	58	43	71	72	43	395	-

に頻繁に食べられているのはデザート・茹物・漬物・生菜・板物・揚物の順である。

全世帯の合計食事回数は外食等を除くと一四二食であり、合計料理数は三九五品である。したがって、一食あたり平均料理数は三品弱である（三九五÷一四二＝二・七八）。そのため、平均的な食卓メニューは御飯＋野菜の和物＋味噌汁の三品から構成されるが、基本的には一汁三菜のかたちをとっていることがわかる（写真1）。とくに平均料理数が三品と少ないのは、ラーメンやカレーライス・オムライスといった、主食と副食が明確に区別できないメニューが増加していることに起因する。

おかずだけはどれぐらいのスパンで食されているかというと、各食物頻度を一四二食で割ると、野菜の和物は二食のうちに一回（六七÷一四二＝〇・四七）、味噌汁は三食のうち一回弱（四五÷一四二＝〇・三二）、焼物は四食のうち一回弱（三三÷一四二＝〇・二三）、デザートが五食のうち一回弱（二五÷一四二＝〇・一八）、茹物が九食のうち一回弱（一七÷一四二＝〇・一二）、漬物は九食のうち一回弱（一六÷一四二＝〇・一一）、生菜も九食のうち一回弱（一五÷一四二＝〇・一一）である。良質の動物性蛋白質の蒸物・揚物・焼物・刺身は合わせてどれぐらいのスパンで食されているかというと、一日三食のうち一回弱（五一÷一四二＝〇・三六）のペースで食されていることがわかる。

写真1　典型的な日常食のメニュー

なお、各世帯別の食物摂取頻度の序列は、次の通りである。

世帯[1]：D↓B—G↓I—J—L
（飯類八八・九％・他麺類）

世帯[2]：D↓M↓F—J↓E—H—L（飯類四二・一％・パン類四二・一％・麺類一五・八％）

世帯[3]：B—D—J↓K—L↓C—E—I
（飯類五八・八％・パン類一七・六％・麺類二三・五％）

世帯[4]：B↓D↓C↓J↓E↓I↓F—M（飯類八一・〇％・麺類一九・〇％）

世帯[5]：B—D↓C—E—L↓F—H—I—J（飯類八二・三％・麺類一七・六％）

世帯[6]：D↓J↓M↓B—G—I↓F—L↓E—K（飯類七五・〇％・麺類二五・〇％）

世帯[7]：M↓D↓F↓E↓B—J↓L↓C—G—H—I—K
（飯類八二・三％・パン類一一・八％・麺類六％）

世帯[8]：B↓C—D↓J↓L↓G（飯類八四・二％・麺類一五・八％）

2 日常食の特徴

表7は朝食の世帯別摂取食物頻度と序列を示したものである。表7によると、朝食の平均料理数は三品である（一三八÷四五＝三・一）。朝食はおおむねご飯に味噌汁と野菜の和物および焼肉と漬物を中心に構成するが、パンとデザートを組み合わせた食卓を楽しむ家庭もいる。

表8は夕食の世帯別摂取食物頻度と序列を示したものである。表8によると、夕食は平均料理数は四品弱である（二〇一÷五四＝三・七）。夕食はご飯と味噌汁に朝食と同様に野菜の和物と焼物を中心に構成され、デザートを楽しむことも多い。また、麺類も重宝されている。

表7　朝食の摂取食物頻度と序列

	No1	No2	No3	No4	No5	No6	No7	No8	計	序列
Aa(御飯)	0	1	1	7	7	7	6	7	36	80.0%
Ab(パン)	0	6	2	0	0	0	0	0	8	17.8%
Ac(麺類)	0	0	0	0	0	0	1	0	1	2.2%
B(ミソ汁)	0	0	1	7	7	5	5	7	32	1
C(漬物)	0	0	0	5	2	0	0	0	7	5
D(和物)	0	6	0	1	1	4	4	0	16	2
E(生菜)	0	0	0	0	0	0	4	0	4	8
F(茹物)	0	0	0	0	0	3	3	0	6	6
G(煮付)	0	0	0	0	0	2	1	0	3	9
H(蒸物)	0	0	0	0	1	0	0	0	1	10
I(揚物)	0	0	0	0	0	1	0	0	1	10
J(焼物)	0	0	1	0	0	3	4	0	8	4
K(刺身)	0	0	0	0	0	0	0	0	0	12
L(板物)	0	0	1	0	1	1	2	0	5	7
M(後食)	0	1	0	0	0	4	5	0	10	3
計	0	14 (7)	6 (2)	20 (7)	19 (7)	30 (7)	35 (7)	14 (7)	138 (45)	0

注：(　)内は食事回数を表す

おわりに

以上、家族の変化に焦点をあてて食生活について考察した。今日、一部では核家族は崩壊しつつあるのではないかという人もいる。一方、今日では個食もみられ、伝統的な食文化は衰退しつつあるといわれる。にもかかわらず、なぜ家族に焦点をあてるかというと、森岡が指摘したように、家族とは「夫婦・親子・きょうだいなど少数の近親者を主要な成員とし、成員相互の深い感情的包括で結ばれた、第一次福祉追求の集団である」(森岡一九八二)からだ。個人は必ず集団・集合体の一員としてのみ存在し、集団ないし集合体

表8　夕食の摂取食物頻度と序列

	No1	No2	No3	No4	No5	No6	No7	No8	計	序列
Aa(御飯)	7	5	6	7	6	3	6	4	44	81.5%
Ab(パン)	0	0	1	0	0	0	1	0	2	3.7%
Ac(麺類)	1	0	1	0	1	3	0	2	8	14.8%
B(ミソ汁)	2	0	5	4	1	1	0	0	13	3
C(漬物)	0	0	1	2	0	0	1	5	9	6
D(和物)	3	6	6	7	7	9	5	4	47	1
E(生菜)	0	1	1	3	1	1	1	0	8	7
F(茹物)	0	2	0	1	1	0	3	0	7	8
G(煮付)	2	0	0	0	0	4	0	1	7	8
H(蒸物)	0	1	0	0	0	0	1	0	2	12
I(揚物)	1	0	1	2	1	4	1	0	10	5
J(焼物)	1	2	5	4	1	6	1	4	24	2
K(刺身)	0	0	2	0	0	0	1	0	3	11
L(板物)	0	1	1	0	1	0	1	1	5	10
M(後食)	0	5	0	1	0	2	4	0	12	4
計	17 (7)	23 (6)	30 (7)	31 (7)	20 (7)	33 (7)	26 (7)	21 (6)	201 (54)	

注：(　)内は食事回数を表す

の原初的な単位は家族であるからその意味において家族は重要であり、これからも重要であり続ける。

では、伝統的な食生活や食文化の衰退は家族の崩壊によるものであろうか。いな、家族における食生活は時代の変化や社会的環境によって、その担い手あるいは食事の時間などは一様ではない。今日では家族における性別役割分担も弱化し、例えば妻（母）が恒常的な働き手として家計を支え、夫（父）が家事を担うという家族もみられる。そのため、特定の家族員が固定的に家事に従事するということは少なくなっている。したがって、今日では家族員による家事の分担は不可欠なものであり、助け合いが必要である。また、家族における食事の時間についてみると、かつてのように特定の時間に家族が揃って一緒に食事をするということはできなくなった。家族のライフサイクルやスタイルによって食事の時間は家族員によってまちまちでさまざまなかたちがみられる。

一方、筆者が調査した、今日の現代家族における食生活の調査でも明らかであるように、三世代家族において最も伝統的な食生活が維持されていることがわかる。このように伝統的な食生活や食文化を守り継承していく担い手は家族である。逆に、家族は「食」によって維持・強化されていることも見逃してはならない。さらに、こうした伝統的な食文化が維持・継承されているところこそ、新しい食文化の創造を可能にする余地があると思われる。

伝統的な食文化を守るためには食に関する教育が重要であり、いくら強調してもしすぎることはない。とくに食の教育を通じて、家族を中心とした食文化の再構築が必要である。近年、食育が強調されているが、食を守るためには一人ひとりに積極的に働きかける必要がある。

しかし、もし伝統的な食文化の衰退が、家族の崩壊によるものであるならば、家族を再建しなければならない。そのさいに重要なのは他でもない「食」であり、食によって家族の崩壊を食い止めることができる。というのは、食は心をつなげるもので、人間の根源的な感性と結びついているからである。

（1）制度から友愛へというのは、近代化における家族の変化について、バージェスとH・J・ロック（バージェスとH・J・ロック『家族』）一九四五が概念化したものである。社会的圧力や慣習によって統制された制度家族から、平等・友愛関係にもとづく近代家族へ移行する家庭をさす。

（2）古くから箸は神のより代《しろ》としての意味をもち、非常に神聖な道具である。その箸の作成が家長の手によって行われていたということは、家長が家の祭りを担当していたことを端的に物語っているといえよう。

（3）家族の呼称や名称には家族員の地位、そして家族やその延長にある親類の構造上の特徴があらわれてくる。

（4）囲炉裏は非常に神聖な領域でもある。

（5）もともとキジリとは燃し木や薪《まき》を入れておくところをさした。

（6）戸田によれば、こうした近代家族は夫婦および親子関係にあるものを中心とする比較的少数の近親者が感情的に緊密に融合する共産的共同であるといえる（戸田一九七〇：五一）。

（7）新憲法や民法で約束された両性の平等という概念は、女性を男性に従属する立場から独立した個人という立場に変革させる最も基本となるもので、配偶者選択における決定や夫婦の関係、教育機会や就業機会の平等が家族内の関係におよぼす影響など、さまざまなかたちで新しい家族を作り出す軌道を敷くことに貢献したといえる。

（8）現代の離婚の原因の主なものは「性格の不一致」である。

（9）人は結婚から大きな利益を得るが（収入・健康で精神的に安定・ストレス減少・幸福感）、離婚により、その利益は失なわれるのはいうまでもない。

（10）筆者が二〇〇四年に所沢市で行った六〇歳以上の高齢者調査（有効回答調査票二六一世帯）によると、高齢者単独居住世帯が二六一世帯のうち三一世帯の一一・九％、高齢者夫婦のみの居住世帯が九八世帯の三七・五％であった。高齢者の単身世帯や夫婦のみの世帯において、別居子が「片道一時間以内」までの範囲に住むものが六割あまりを占めており、別居子との交流頻度も比較的高い様子がうかがえる。

（11）そのため、親離れができない子供が増加しており、その逆に子離れができない親も少なくない。

〔参考文献〕

有賀喜左衛門（一九六九）『著作集』第七巻、未来社

戸田貞三（一九八二）『家族構成』新泉社復刻版

森岡清美・望月嵩（一九八三）『新しい家族社会学』培風館

林在圭（二〇〇五）「高齢者世帯の居住形態のタイプ別分類とその特徴」『所沢市における高齢者の世代間関係と居住形態』早稲田大学人間科学学術院人間総合研究センター

食空間と将来

深田てるみ

はじめに

最近の傾向として、人とのコミュニケーションを図ることができないということが原因となり、大きな社会問題を引き起こしている。その現実が引き起こす問題として、孤立死・孤独死があげられる。その事例として都市再生機構（ＵＲ）の賃貸住宅では年々孤独死が増えており、今後も高齢化が加速され、より顕著になることが推測される。

食空間の将来を構想するにあたり、コミュニケーションの場として、食事空間は最も適していると考えられる。二〇一〇年一一月と翌一一年の三月に静岡文化芸術大学デザイン学部空間造形学科受験生（年齢一七～二〇歳）に対し聞き取り調査を行った。「朝、昼、夜の三食、何処で誰と何を食べているか」を尋ねたところ、大半は「朝は家族と居間で和食かパン食、昼は学校でお弁当、夜は家族と一緒ではなく時間帯が異なり、塾へ行ったりするので一人で食べることが多い」との答えであった。弧食が多いことに気がついた。共卓・共食という社会現象が希薄になり、若年期から人とのコミュニケーションを図ることができないとして、孤独死・孤立死という現状を引き起こしているのではないか。

二〇一一年三月一一日に起こった東日本大震災地へボランティアとして参加した時、住民の要求として「食べものが必要、皆で食事がしたい、次に生活必需品」と答が返ってきた。改めて、食の現実をみることができ、食の必要性、その場所の必要性を追求したいと考えた。

このような社会情勢を踏まえ、個人の尊重、プライバシーの確保などの諸問題を抱え、食空間はどのように進化・発展するのだろうか。建築とは、時間・空間・人間の三つをとりもつ人間の知恵の最大の結晶といわれる。住まいの観点から空間を捉えること、ここでは日本における日常生活の住居史を追いながら食空間を論じ、現代における食空間に関する調査を行い、生活スタイル、老若男女、家族形態、持家率、住居形式などを把握し、これらから問題点を明らかにする。そこには私たちがなくしてしまったもの、新しく育てたもの、これから必要なものが導き出されるであろう。

1　住まいの変遷と食空間

住居の形式は先史の時代に始まり、竪穴住居、高床住居、平地住居、寝殿造、主殿造、書院造と変遷する。寝殿造は公家、貴族の住まいであり、書院造は武家の住まいと代表される。その他に民家の形式があげられる。町屋・農家という庶民が生活する住まいを指す。台所に関する著書・論文等は多くの研究があり、すでに知られている。ここでは住居形式と日常生活の食事空間に着目する。食空間とは台所と食事室を意味する。

1 先史時代の住居(竪穴住居・高床住居・平地住居)

竪穴住居は縄文時代・弥生時代・古墳時代に存在した。竪穴住居の集落は縄文時代には南下りの丘の上にあり、広場を囲んで周りに住居が配置されるのが一般的であった。広場では祭りや食事などの共同作業が行われていた。

縄文時代の住居址をみると中央に炉があり、奥の壁際に竈《かまど》がある、住居内はワンルーム形式で火の周りは土器をはじめとした調理道具がおかれ、食料の貯蔵穴があった。広場では祭りや食事などの共同作業が行われていたことから、炉は屋外にも存在していたらしい。竪穴住居は炉を屋外から屋内へととりこんだ時期とも考えられる

高床住居は弥生時代のものである。高床の建物は弥生文化、すなわち稲作文化とともに日本へもたらしたものである。古墳時代になると、埴輪や銅鏡の文様にあらわれるようになる。稲穂を納めた蔵、貴人住居があげられる。

平地住居とは、稲作文化が低湿な土地へと移動するとともにあらわれた住居形式である。弥生時代の集落である「登呂遺跡第1号(49)住居址」があげられる。登呂遺跡ではあぜがつくられ、水田が規則的に区画されていた。また『信貴山縁起絵巻』にみられる住居は屋根が低くなっていて、丘の後ろに建てられ、屋根だけみえる建物で平地住居があったと考えられる。

2 寝殿造《しんでんづくり》

寝殿造の住宅は、古墳時代から奈良時代の形式である。奈良時代、法隆寺の東院の伝法堂の前身として現存している。日本最古の住宅として、七〇〇年頃、聖武天皇の夫人橘古那加智《たちばなこなかち》が献納した住居である。高床住居であって、大嘗宮正殿《だいじょうぐうしょうでん》とともに、平安時代の小規模な寝殿の基本となる平面をもっていた。

平安時代の貴族住宅である寝殿造の中心となる建物は寝殿で、東・西・背面の対屋《たいのや》があり、渡廊《わたどの》によって連絡されていた。儀式や行事・宴《うたげ》は母屋の南庇《ひさし》で行われ、北庇が日常の生活空間であった。中心となる女主人は寝殿に住み、結婚形態は婿入婚（招婿婚）であった。間仕切はない。生活の場は自由に移動する仮説的な営みである。調理空間は居室から遠ざけて、台所は大炊殿《おおいどの》や厨《くりや》という別棟で調理する。距離があった。

天皇の住居である平安内裏《だいり》は、清涼殿が天皇の常の御殿であり、その西庇には鬼《おに》の間・朝餉の間・

台盤所《だいばんどころ》があった。台盤所は宮中や貴族の家における食生活のための一つの生活空間であった。天皇の食事の支度を受けもっていた内膳司《ないぜんし》は天皇の日常生活空間である内裏の外部にああって、内膳司で調理された食事ははるばる内裏の配膳所である台盤所へ運ばれ、天皇へ供される。台盤所の北で夜御殿《よのおとど》の西にある朝餉の間は天皇が朝食をとる室で、鬼の間は一種の毒味をする室とされていた。寝室は塗籠の夜御殿であり、あとの母屋は昼御座《ひのおまし》であった。

調理の建物は依然として生活の用途に応じた別棟で、厨や竈屋《かまど》は北側にもうけられた。台所の語源は平安貴族の台盤所（配膳の場）と考えられ、台盤という食物を盛った器を載せる大きな台（長さ八尺または四尺、幅二・五尺）があり、その周りを配膳にあたる女房たちがとりかこんだ。宮中の膳を整えたり、また自分たちが食事をしたりするところでもあった。

3 主殿造《しゅでんづくり》

平安時代末になると主殿を中心に、台所、厩、遠侍を配した住居様式が武士の住宅にあらわれる。日常の生活の場は、北庇と北の孫庇で母屋と庇の制約がなくなり、間仕切ができ、部屋の用途が固定された。嫁取婚（男子が相続）の制度にかわり、伝統を重んじる公家、公家から儀式をうけついだ将軍、武士の場合は寝殿母屋の南庇で行っていた儀式に変わって接客の儀礼が生まれる。対面の場は南面中央の間、中央の部屋に庭に向かって客がすわり、主人は庭側で応対する。部屋の飾りとして押板、棚、書院がある。上層の武家の住居には、連歌や茶を嗜《たしな》む空間会所が建てられた。女性の住む局《つぼね》や対屋もあったらしい。

台所は調理空間として住居の内部にとりこまれた。竈は土間で湯を沸かし、飯を炊く行為を行う。囲炉裏は板の間で副食物を調理する。板の間に切られる場合の他に、浅い箱を作って板の間の上に置いている場合と囲炉裏の周りに畳を敷いている場合がある。この時代に食事は二食から三食となったと考えられる。

4 書院造《しょいんづくり》

江戸時代の武家住宅の中心になる建物は書院と呼ばれている。この書院は一棟だけでなく、主として対面の場となる大書院、饗宴の場となる小書院、大名が日常政務をみる御座間《ござま》、居間・寝室となる居間書院と表だけでも四棟の書院が並ぶ。御座間ははじめ寝起きをし、政務をとる場所であったが寝起きをする部分が分離して御座間の奥に居間と寝所が設けられた。この居間書院では日常、大名が寝起きしていた。床の間の前に寝床が敷かれ、食事のとき大名は床の間を背にして座り、前にお膳が運ばれた。

江戸幕府の大棟梁であった平内《へいうち》家に伝わる『匠明《しょうめい》』には一六〇〇年頃の武家住宅の一般的な配置図が描かれている。敷地の広さは一町四方で東の御成門、能舞台のある東南の一部が接客空間である。

主人は中央付近の対面所・御寝間が、夫人は西北の御上方が日常の生活空間であった。北東の式台（色代）、遠侍、大台所などは家来と女たちのいるところで、他にも台所や料理の間がいくつもみられる。南面の最も奥の部屋が主室となる。中心となる建物から居住機能が他の建物に分離して、中心となる建物は対面だけに使われる。

食事を用意するための場所である台所（土間に多くの竈を持つ）、料理の間、炉の間、清所《きよめどころ》（床を張り囲炉裏を中心）があった。近世になると接客のための作法が複雑になり、武家住宅での公式部分の標準的な形式は能舞台をもつ大書院と茶室をもつ小書院の組み合わせが多くみられた。そのため、台所、料理の間、炉の間などの食事を用意する場所が住宅のなかで大きな部分を占めるようになった。それらの場所は、大書院や小書院などに直接料理を運ぶことができるように配置された。宇和島藩江戸中屋敷（一六五七）、竹内御門跡の邸宅（一六四二頃）の指図からそれらの様子がうかがえる。

5 民家

民家は町屋・農家を指す。町屋は都や街道筋の町に建った建物の姿が、具体的に明らかになるのは平安時代の後半で、『年中行事絵巻』に描かれた町屋である。それ以上に町屋の構造がよくわかるには、中世に入って描かれた『信貴山縁起絵巻』の町屋である。町屋の指図としては、旧緒方家（適塾、大阪市中央区北浜、天保一四年）や幕末の指図である大坂の大工の長屋などが興味深い。

農家の住居址は弥生時代の集落である登呂遺跡ではあぜがつくられ、水田が規則的に区画されていた。このことから縄文時代・弥生時代・奈良時代・平安時代に発見される竪穴住居は農家と考えられる。平安時代の多くの農民は、掘建小屋、土間、一部板底に住んでいた。『粉河寺《こかわでら》縁起絵巻』に平安時代後期は、家族で食事をしているところが描かれている。室町時代末に描かれた『洛中洛外図屛風』には洛外すなわち京都近郊の農家がみられる。農家の住居形式として、分棟型・広間型・四間取型(田の字型)が知られている。

①分棟型

東北地方の東南部から関東地方の東部、東海地方、鹿児島、沖縄と日本の太平洋岸地帯に分布。炊事する場所を別棟としている。

囲炉裏のある場所は「じょい(常居)」「ちゃのま」「だいどこ」「いどこ」などの名で呼ばれ、採暖のみならず食物の煮炊きや乾燥などの機能を有し、家族の食事、団欒《だんらん》の場所であった。今でいうダイニングキッチンであり、リビングであり、ときには接客にも行われた多目的空間であった。これに対し、火を焚くということは同じでも、竈はその目的は調理に限られており、囲炉裏とは土間の部分に竈があり、竈と土間に面する広間にある囲炉裏を使って炊事が行われていた。囲炉裏は炊事に使われるだけでなく、暖をとり、明りをともなった。家族は囲炉裏の周囲に集まったが、囲炉裏周りの座にはきまりがあって自由に座れたわけではない。広間の表側と奥の表の部屋が客を通す部屋となり、また主人の部屋でもあった。そこには仏壇があり、奥の裏の部屋は寝室であった。竈は「くど」「へっつい」などと呼ばれ火の神が祀られていた。

②広間型

近世の農家は、階層によって床の部分の発展に差がみられる。上層の農家では、床の部分が次第に広くなり、間仕切りが発展する。広間型の平面が生まれた。

③四間取型(田の字型)

江戸時代の農家の典型的平面として、床のある部分が田の字型をした田の字型平面、あるいは四間《よま》取《どり》平面があげられる。平面は広間型から広間を南北に二分割して、床のある部分を田の字の四室とした形式に発展する。近世農家の基本的な平面である。江戸時代（大坂）の農家山本家の復元された平面では、南面奥の部屋を座敷とし、土間に面する二部屋にはともに囲炉裏をもうけている。座敷の裏にあたる部屋は納戸で寝室である。地域によってその使い方は違い一定していないが、土間に面する北側の部屋に囲炉裏をもうけ、家族が集まる部屋としていることが多い。

2　近代の住宅と食空間

①サラリーマン層の住宅

近代のサラリーマン層の住宅は、近世末の武士の住宅が基本になっている。床の間を備えた座敷を

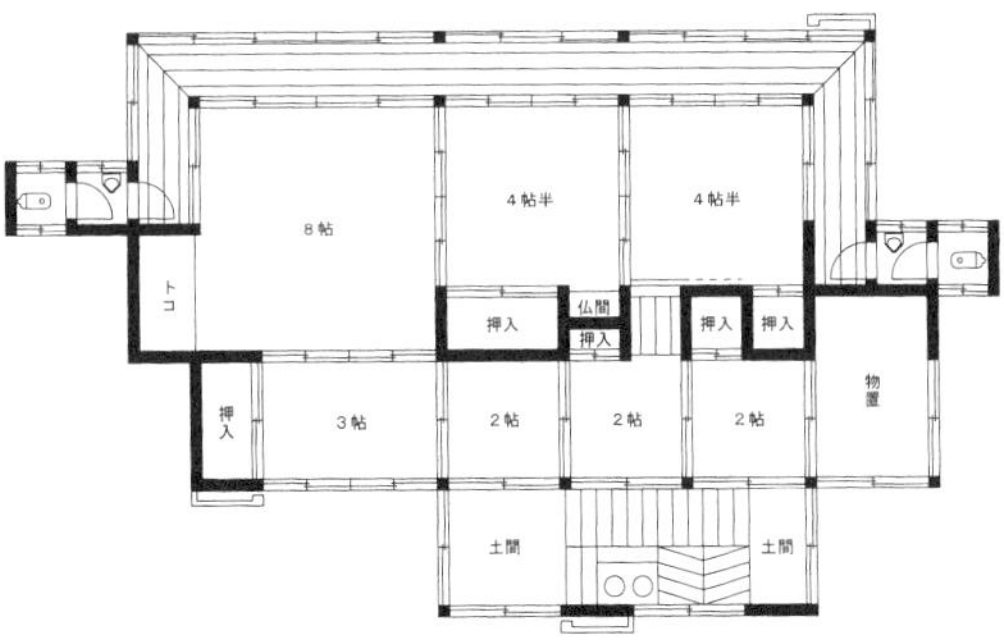

図1　サラリーマン層の住宅（東京／明治10年）

最も重要な部屋とし玄関をもち、茶の間、台所とで成り立っている。

　これらの住宅は江戸から明治にかけて家制度と深くかかわる。父親と長男は他の家族より先に座敷で箱膳を用い食事をする。他の家族は父親が食事をすませた後、薄暗い台所の片隅で食事をする。

①明治のサラリーマン層の住宅（明治一〇年、東京／図1）

　明治一〇年頃東京に建った住宅で床の間のある座敷、玄関、座敷の主人や客のための部分は半分から三分の一を占める。台所は土間に木でつくった座り流し、竈が二つ並んでいる。家族が生活していたのは台所と連続している四帖半と多くの小室が家族によって使われたのであろう。

②夏目漱石の『我が輩は猫である』に描かれた明治三〇年頃の住まい（図2）

　台所四帖、六尺の戸棚、揚げ板、流しと土間が計一帖。食事は茶の間、食卓と長火鉢《ひばち》がある。下女は台所と女中部屋が生活の場所、食事は台所、茶の間で客にお茶を入れる。

外観スケッチ(筆者画)

図２　夏目漱石『我が輩は猫である』に描かれた住まい(明治30年頃)

図3　大正期の都市住宅
（保岡勝也設計／大正10年）

③大正期の都市住宅（保岡勝也設計、大正一〇年／図3）

この住宅は大正一〇年（一九二一）に新築されたもので、主人の職業は校長先生、家族は他に主婦と子供三人、女中一人である。外観をみると、客室の外だけでなく、玄関にドアを使い、アーチ風のつくりとするほか、大壁モルタル塗りとしている。平面をみると、洋風の外観をもつのは表からみえるところだけで、庭側には縁側をもち、和風のつくりとしている。また中廊下によって北側に台所、風呂場、便所、女中部屋のような部屋と南側に客間や家族の居室と全く性格が異なる空間に二分割されている。北側は家族の生活に対するサービス部分である。中廊下がもうけられる家には、女中部屋があり、中廊下が家族のプライバシー確保の役割を果たしている。中廊下は大正から昭和にかけての伝統的住宅平面のなかに生まれた。

④和洋折衷の住宅（図4）

大正期の終り頃から洋風の範囲が広がってくる。夫婦寝室が洋間になった住宅、子供の勉強部屋が洋間になるもの、さまざまなかたちで折衷された住宅があらわれる。

昭和二年（一九二七）に出版にされた『和風を主とする折衷住宅』に「帝国大学出身の官吏の家、一階三四坪余、階一八坪余合計五二坪をこえる規模を持つ」と示されている。家族構成は夫婦と子供二人、それに女中二人の六人で木造スレート葺《ぶき》である。洋間は一階では子供の勉強室、団欒室と玄関、

外観スケッチ(筆者画)

図4　和風を主とする折衷住宅(保岡勝也設計／昭和2年)

図５　同潤会「５室以内の新住宅設計」当選案
（小林武雄設計／昭和６年）

二階では客間兼書斎、寝室と納戸で、日本間は一階の茶の間、二階の八畳の間くらいしかない。食事や家族の団欒に和風の茶の間と洋風の団欒室をあて、その間を引き分けの戸でつないでいて、日常生活に椅子式の生活が導入された。

⑤居間中心型の平面

家族観が変化してくると、住宅の平面にも新しい形式が生まれる。大正期から子供部屋や夫婦の寝室が、はっきり個人の部屋としてあらわれてくる。小林武雄設計の同潤会「五室以内の新住宅設計」当選案（図５／昭和六年）によると、和風の部屋に囲まれて広い洋風の居間をもち、図形的にも居間が平面の中心に位置している。これまで長い間座敷の陰にあった家族の集まる部屋が座敷に代わって住宅の平面を占めるようになる。この居間を中心とする平面形式が都市住宅のなかに浸透していくのは昭和に入ってからである。しかしこの平面はその後の特に戦後の都市住宅に多数を占めるようになった居間中心型の平面とは大きな相違がある。女中が存在した戦前には、むしろ他人であり身分の違う女中から家族のプライバシーを確保することが、潜在的な問題であったと考えられる。

2 集合住宅

①横浜市市営共同住宅の中村町共同住宅館(大正一〇年／写真1・2・3)

大正一〇年に最初の市営共同住宅として建設された。六畳一室の貸室を中心に三二戸からなり、食堂、炊事室、浴室、管理人室、応接室が居住者の共同施設としてもうけられた。食事代は当時で、月

写真1　横浜市市営共同住宅の中村町共同住宅館の外観(大正10年)

写真2　食堂(同上)

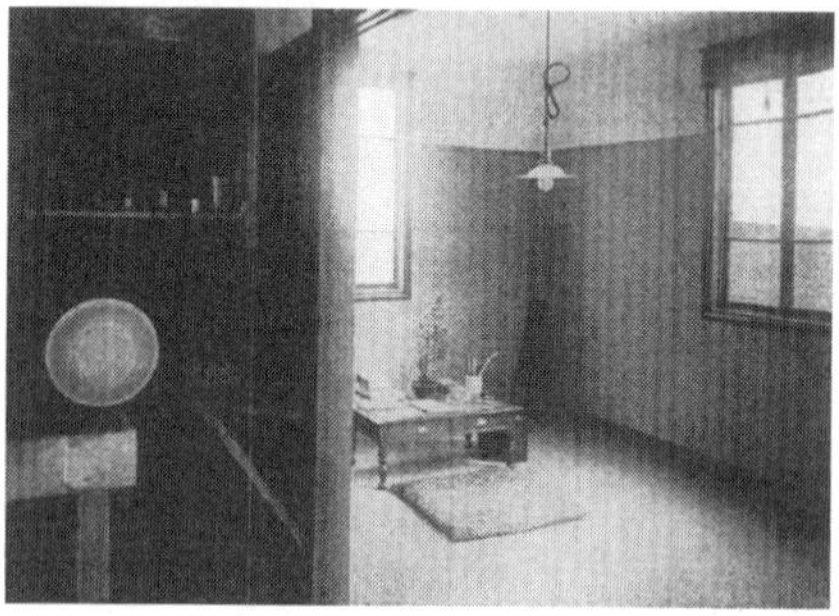

写真3　貸室室内(同上)

外観

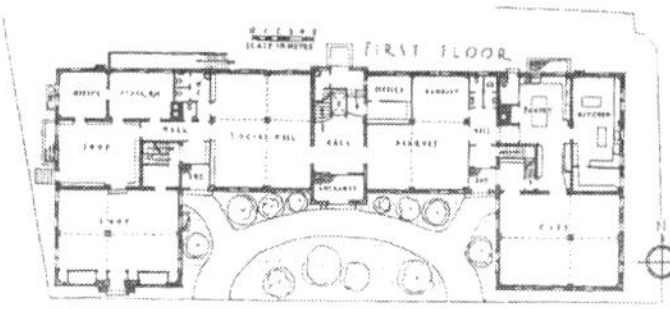

1 階平面図

2 階平面図

アパートメントのある一室

写真 4　文化アパートメント東京お茶の水
（ウィリアム・メレル・ヴォーリズ設計／大正 14 年）

極二食一〇円・三食一五円、臨時食で朝一五銭・昼夕二三銭で、他和洋食を注文に応じ調製するとあった。各住戸の生活の独立性は低いが館という名にふさわしく、館のなかでは一つの共同体としてまとまりをもっていた。

②文化アパートメント東京お茶の水（大正一四年／ウィリアム・メレル・ヴォーリズ設計／写真4）

　純洋式のアパートでキッチンのないワンルームも配されている。一階にはカフェテリアや社交室があり、パブリックな交流の場としていた。

③公営五一C・N型（昭和二六年／図6）　五一C・N型は一一・八坪（三九・八平方メートル・階段を含む）である。画期的であったのはこの面積水準において、「台所兼食事室」をもうけることにより、二室タイプで食寝分離が可能となったこと。家事空間を集約的に配置し南面させたことにより、労働負担の軽減と居室環境の向上が図られたことである。台所とともに食事の場も大きく変わる。DKは南側に配され、椅子とテーブルが置かれイス式による食事が展開された。しかし共食、家族そろっての食事は高度成長時代も相まって、だんだんと少なくなり弧食という言葉も使われるようになった。さらにLD・LDKといったDKは食事室なのか台所なのか空間分離の区別ができなくなった。

図6　公営住宅標準設計の51C・N型（昭和26年）

高齢化が進み一人で食事をする孤食が多くなっている。共食できない状況のなかで家族共食の外部化も進んでいる。

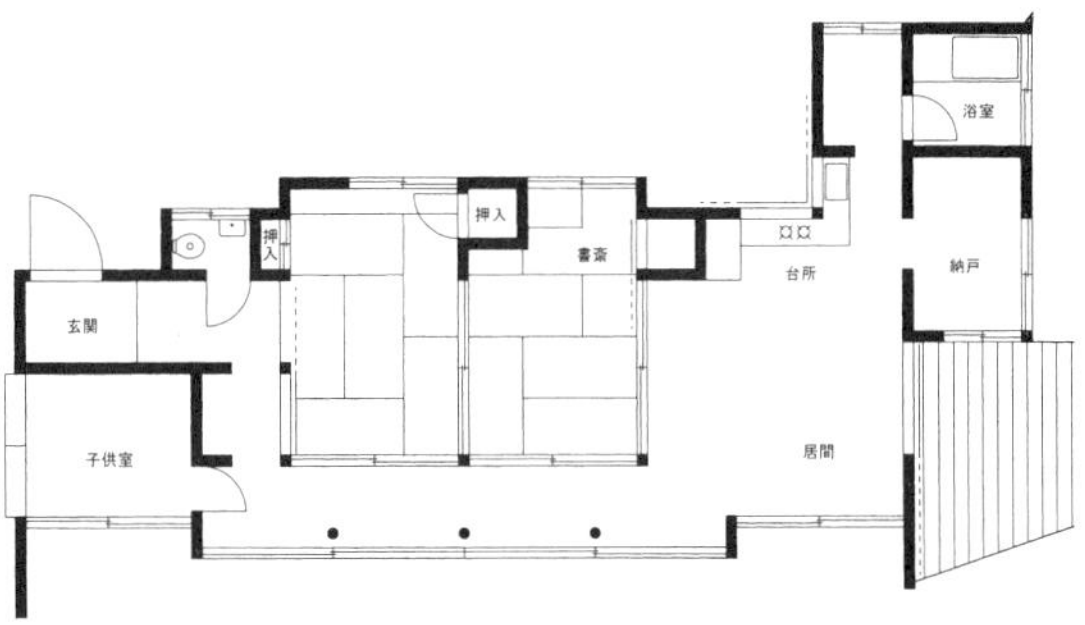

図7　清家清設計「森博士の家」（昭和26年）

3最小限住宅　戦後の最小限住宅（森於菟博士の住宅／清家清設計／昭和二六年／図7）

設計者は『新建築』（昭和二六年九月号）のなかで、「王朝時代の生活方式であるが、舗設と言う語がある。ひとつの大きな部屋の中に年中行事や生活に附随して、家具、几帳などを適当におきその時折の空間を構成して行く、こういった方法を舗設という。この住宅は大きく見て一室と考えられないことはない。必要に応じて襖、障子等で寝室となる空間を舗設したり、書斎を隔絶する。しかし、建具を開放すれば室内は勿論、戸外も含めて、一つの一体的な空間で構成される」という。一方、機能的な面についても、台所では、「逆L字型は又動線、モーションスタディ（動作研究）とも快調で、食卓への流れもよい、流しに向かっていると玄関を訪ねる人がよく見える。また御用聞、物売等も流しの前の窓で応対できる」と説明している。ここではＬＤＫが食空間を占めている。

3　現代における食空間に関する調査

[1]愛知県営岩田住宅住民の日常生活の食事

調査対象：愛知県営岩田住宅住民一八名、その他（静岡文化芸術大学空間造形学科四年生）二名

予備調査：二〇一一年六月二一日

アンケート実施期間：二〇一一年六月二一日〜二〇一一年七月五日

モニター数：二〇人、回答数：二〇人

結果は表1の通りである。モニターの年齢は二〇〜六〇歳代。モニター数二〇人のうち単身者は四人である。この結果から孤食をとりあげると朝九人、昼六人、夕六人と必ずしも共食ということではないことが示される。

夕食	場所	誰と
あり	家	1人
あり	家	家族
あり	家	家族
あり	その他	家族
あり	家	1人
あり	家	1人
あり	家	家族
あり	家	家族
あり	不明	家族
あり	不明	家族
あり	家	家族
あり	不明	家族
あり	家	家族
あり	家	1人
あり	家	家族
あり	家	1人
あり	家	家族
あり	家	家族
あり	家	1人
あり	家	家族

表1　食空間に関する調査表(愛知県営岩田住宅住民)

調査対象：愛知県営岩田住宅住民 アンケート実施期間：2011年6月21日～2011年7月5日 予備調査：2011年6月21日 モニター数：20人　回答数：20人									
	性別	年齢	同居の人数	朝食	場所	誰と	昼食	場所	誰と
1	女	60代以上	単身	あり	家	1人	あり	家	その他
2	女	40代	3	あり	家	家族	あり	家	一人
3	女	50代	2	あり	家	家族	あり	家	家族
4	女	50代	4	あり	その他	家族	あり	その他	友人
5	女	60代以上	単身	あり	家	1人	あり	職場	友人
6	男	40代	単身	あり	家	1人	あり	職場	職場の人
7	女	50代	3	あり	家	家族	あり	家	家族
8	女	20代	3	あり	家	1人	あり	家	家族
9	女	60代以上	2	あり	不明	家族	あり	不明	家族
10	女	60代以上	2	あり	不明	家族	あり	不明	家族
11	女	50代	2	あり	家	1人	あり	家	1人
12	女	50代	2	あり	不明	家族	あり	不明	家族
13	女	30代	5	あり	家	家族	あり	家	家族
14	女	40代	4	あり	家	1人	あり	その他	友人
15	女	30代	4	あり	家	家族	あり	家	家族
16	女	20代	3	あり	家	1人	あり	その他	1人
17	女	40代	3	あり	家	家族	あり	家	1人
18	男	60代以上	3	あり	家	1人	あり	家	1人
19	女	60代以上	単身	あり	家	1人	あり	家	1人
20	男	50代	3	あり	家	家族	あり	職場	職場の人

2 静岡文化芸術大学デザイン学部空間造形学科一年生の日常生活の食事

予備調査として「朝、昼、夜の三食何処で誰と何を食べているか」を二〇一〇～一一年の静岡文化芸術大学デザイン学部空間造形学科受験生（年齢一八～二〇歳）に対し聞き取り調査を行った。朝家族と居間で和食かパン食、昼は学校でお弁当、夜は家族と一緒ではなく、時間帯がことなり、塾へ行ったりするので一人で食べることが多い。一日に三回の食事習慣は室町時代より定着された。一日の生活時間の構成もこの三食のあり方が大きな条件となっている。

二〇一一年六月二一日、静岡文化芸術大学デザイン学部空間造形学科一年生にアンケート調査を行った。「朝、昼、夜の三食何処で誰と何を食べているか」尋ねた。その結果は表2の通りである（七四～五頁）。朝食は一人で家のリビングで食べる。昼食は友人と学校の演習室、夕食は一人または友人と家のリビングで食事する。孤食が多い。

3 千葉県船橋市高根台団地の事例（写真5・6）

船橋市に住宅都市再生機構（UR）による高根台団地がある。ここでは高根台地区四丁目を主にとりあげ比較、検討の対象とする。表3をみると、船橋市の人口は六〇一、三二一人、所帯数二六六、九一四、高齢化率一九・八％。高根台四丁目は人口一三七〇人、所帯数六二三、高齢化率三五・〇％、さらに高齢者所帯の状況（表4）を詳しく述べると、所帯数四四〇、一人暮らし八六人、高齢夫婦所帯九九、一人暮らしと高齢者を会わせた比率は四二％となっている。図8でみると、七五〜七九歳の人口が最も多い。また高根台地区敬老対称者調査（七〇歳以上）によると、敬老対称者は二、二三三人、一人暮らし五七六人、夫婦所帯五一四人である。一方、表5をみると、平成二一年四月一日〜同二二年三月三一日までの船橋市内の孤独死者数は一二〇人で、六五〜六九歳が二〇人、七〇〜七四歳が二四人と最も高い。そして高根台が一一人と高齢化とともに最も高い位置を占めている。

食空間を交えた団地再生のとりくみとして次の事例がある。この団地は賃貸住宅と分譲住宅があり、賃貸住宅が大部分を占める。団地内にはその団地の内部の人だけが利用する簡単な食事のできる喫茶室等があるが、一部の賃貸住宅の利用者のみであった。人口一万人に対し一地区が設置されているが、その地区長は年々増加する孤立死・孤独死をなくすため、独居老人の実態調査を始めた。その団地の人が利用する喫茶室を使い、一コイン（五〇〇円）でさまざまな職種の人を招き講話会を開催したところ、分譲住宅からまた昔からの町の人たちも参加し、コミュニケーションから独居の状態が次第に明らかになった。まず、集まるということが実現した。次の段階として、住民の要求は食事できる環境である。喫茶室、演劇場、パブ、バーと食空間の夢は大きい。さらに商店街をまきこみ孤独死をなくすとりくみがなされている。単身、低年児と母親、家族等誰でも食事できる環境が必要である。

調査対象：千葉県船橋市高根台団地

調査日：二〇一二年三月五日（月）

誰と	人数	時間	食事	夕食	場所		誰と	人数	時間	食事
友人	不明	15分	不明	あり	家	リビング	1人	1	10分	不明
友人	不明	15	不明	あり	家	リビング	1人	1	10	不明
友人	不明	10	不明	あり	家	リビング	1人	1	10	和
友人	不明	30	洋	あり	家	リビング	1人	1	30	洋
友人	不明	20	不明	あり	家	リビング	1人	1	20	不明
友人	3	15	和	あり	家	パソコン	1人	1	15	和
1人	1	10	不明	あり	家	リビング	1人	1	15	不明
友人	不明	15	不明	なし						
				あり	家	リビング	家族	2	30	和
1人	1	10	不明	あり	家	リビング	1人	1	30	不明
1人	1	10	和	あり	家	リビング	1人	1	15	和
友人	不明	30	不明	あり	学校	演習室	友人	不明	30	不明
友人	2	30	不明	あり	学校	演習室	友人	2	30	不明
友人	2	20	不明	あり	家	リビング	1人	1	20	不明
友人	不明	10	不明	あり	家	リビング	家族	2	20	洋
友人	不明	15	不明	あり	家	リビング	1人	1	30	不明
友人	不明	20	不明	あり	家	リビング	家族	2	30	和
友人	不明	20	和	あり	家	リビング	1人	1	15	不明
友人	不明	20	不明	あり	家	リビング	友人	不明	20	不明
友人	不明	20	不明	あり	家	リビング	家族	3	40	不明
友人	2	20	洋	あり	家	リビング	友人	8	20	不明
1人	1	30	洋	あり	学校	演習室	友人	2	30	和
友人	不明	30	不明	あり	家	リビング	友人	不明	40	不明
友人	2	40	不明	あり	家	リビング	友人	7	30	不明
1人	1	15	洋	あり	その他	仕事場	仕事仲間	2	10	不明
友人	2	20	不明	あり	家	リビング	友人	8	20	不明
友人	2	20	洋	あり	家	リビング	友人	8	60	洋
友人	不明	15	洋	あり	家	リビング	1人	1	40	和

表 2　食空間に関する調査表(静岡文化芸術大学学生)

調査対象：静岡文化芸術大学学生
アンケート実施日：2011 年 6 月 21 日
モニター数：28 名　回答数：28 名

	性別	年齢	朝食	場所		誰と	人数	時間	食事	昼食	場所	
1	男	18	あり	家	リビング	1 人	1	5 分	不明	あり	学校	演習室
2	男	18	あり	家	リビング	1 人	1	10	不明	あり	学校	演習室
3	男	18	あり	家	リビング	1 人	1	10	洋	あり	学校	演習室
4	男	18	あり	その他	電車	1 人	1	3	和	あり	学校	食堂
5	男	18	なし							あり	学校	演習室
6	男	18	あり	家	リビング	1 人	1	15	和	あり	学校	演習室
7	男	18	あり	家	リビング	1 人		5	不明	あり	家	リビング
8	男	18	なし							あり	学校	演習室
9	男	19	あり	家	リビング	1 人	1	10	和	なし		
10	男	19	あり	家	リビング	1 人	1	10	不明	あり	家	リビング
11	男	不明	あり	家	リビング	1 人	1	10	和	あり	家	リビング
12	女	18	なし							あり	学校	食堂
13	女	18	あり	家	リビング	家族	2	30	和	あり	学校	演習室
14	女	18	あり	家	リビング	1 人	1	20	不明	あり	学校	演習室
15	女	18	あり	家	リビング	1 人	1	10	洋	あり	学校	演習室
16	女	18	あり	家	リビング	1 人	1	15	不明	あり	学校	学友会室
17	女	18	あり	家	リビング	1 人	1	10	不明	あり	学校	演習室
18	女	18	あり	家	リビング	1 人	1	5	不明	あり	学校	演習室
19	女	18	あり	家	リビング	1 人	1	5	不明	あり	学校	演習室
20	女	18	あり	家	リビング	1 人	1	10	不明	あり	学校	演習室
21	女	18	あり	家	リビング	1 人	1	20	洋	あり	学校	演習室
22	女	19	なし							あり	家	リビング
23	女	19	あり	家	リビング	1 人	1	15	不明	あり	学校	演習室
24	女	19	あり	家	リビング	1 人	1	20	不明	あり	学校	演習室
25	女	19	あり	家	リビング	1 人	1	10	不明	あり	家	リビング
26	女	19	あり	家	リビング	1 人	1	10	不明	あり	学校	演習室
27	女	20	あり	家	リビング	1 人	1	20	和	あり	学校	演習室
28	不明	不明	あり	家	リビング	1 人	1	10	洋	あり	学校	学友会室

表3　高根台地区高齢化率
（H21.4.1 現在、H23.4 住民基本台帳）

	世帯数	総数(人)	65歳以上(人)	高齢化率
一丁目	935	1,888	561	29.7%
二丁目	765	1,387	625	45.1%
三丁目	973	1,793	608	33.9%
四丁目	623	1,370	479	35.0%
五丁目	839	1,479	451	30.5%
六丁目	1,217	2,668	657	24.6%
船橋市	266,914	601,321	119,131	19.8%
全国				23.1%

（資料提供：高根台地区社会福祉協議会）

表4　高根台四丁目高齢者世帯の状況（平成21年4月1日現在）

町名	四丁目	四丁目中央	四丁目分譲	計
一人暮らし	16	30	40	86
高齢夫婦世帯	29	28	42	99
計	45	58	82	185
世帯数	106	138	196	440
一人暮らし＋高齢者＝比率	42.5%	42.0%	41.8%	42.0%

（資料提供：同上）

表5　船橋市地区社協別孤独死者数（H21.4.1～H22.3.31 警察署届）

地区社協	人数	地区社協	人数	地区社協	人数	地区社協	人数
宮本	7	前原	3	湊町	9	二宮・飯山満	3
本町	5	薬円台	6	海神	6	三田習	3
葛飾	5	習志野台	7	本中山	6	二和	5
塚田	8	三咲	6	法典	6	八木が谷	7
夏見	2	松が丘	4	高根・金杉	6	大穴	1
高根台	11	豊富	1	高芝	2	坪井	1

（資料提供：同上）

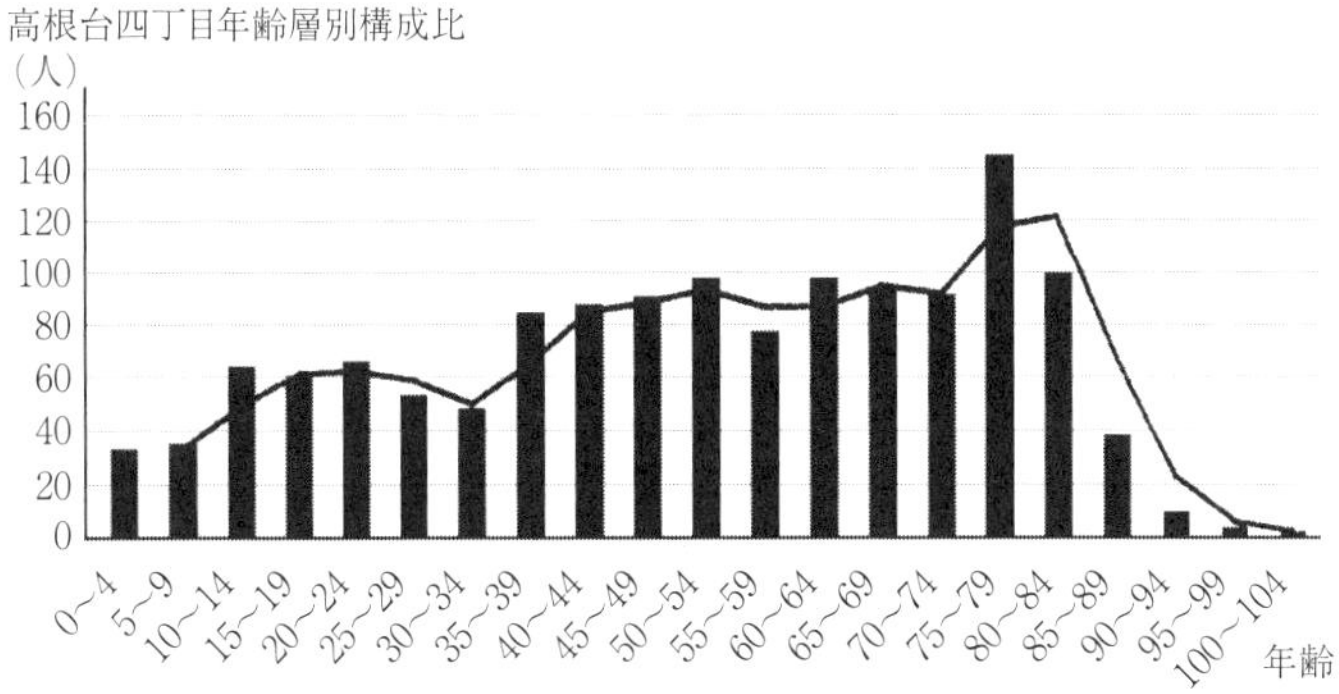

図8　高根台四丁目年齢層別構成比(平成23年4月／住民基本台帳)
(資料提供：高根台地区社会福祉協議会)

調査の内容：高根台団地於ける共食空間に関する調査

　高根台団地四六五〇戸の入居が始まったのは昭和三六年（一九六一）。新京成電鉄沿線の大規模団地として造成された。住棟設計は津端修一。老朽化が進み、団地の再生事業が平成一三年（二〇〇一）から計画され、同一六年一一月に立て替え事業、第一期区画の高根台一丁目「アートヒル高根台」が竣工した。着々と立て替えが進められており、全棟が行われると思っていたが、同一九年（二〇〇七）末の「団地類型一覧表」には「一部立て替え」と示されており、全てではない。

　入居三〇年くらいから、団地の生活の変化にともない住民をつなぐ場として、一人暮らしや老人所帯が増えるなかで「ボランティアの組織づくり」にとりくんできた。そのなかで食に対する活動、住民が集まり食空間としている場所に着目してみると、平成四年（一九九二）二月「小域福祉圏ネットワーク」が発足し、同年五月の「高根台たすけあいの会」設立からの活動はすさまじい。
平成五年（一九九三）一二月　宅配給食「すいーとポテト」活動開始
平成八年（一九九六）五月　「高根台公民館」開館、フェスティバルにコーヒーショップ出店
六月　「高根台よろこびの会」設立
高根台公民館内ボランティア室を福祉関係四団体（小域、たすけあい、よろこび、すいーとポテト）の活動拠点として使用

写真5　高根台団地外観

写真6　高根台地区食事会（ミニデイ）
（撮影 平成24年3月）

九月 「老人憩の家」月曜使用を一一月より市から許可される
平成一一年(一九九九)一二〜三月 ミニデイサービス、テストケース実施
平成一二年(二〇〇〇)「小域福祉圏ネットワーク」発展的に移行し高根台地区社会福祉協議会を設立
平成一三年(二〇〇一)四月 高根台公民館余裕教室開放を市が認める
七月 ミニデイサービス・ティールーム「さえずり」実施
九月 ミニデイサービスお弁当が始まる、そばパーティ
平成一六年(二〇〇四)四月 ティールーム「きんもくせい」誕生
一二月 「アートヒル高根台」集会所開館
平成一九年(二〇〇七) ミニデイサービス・ふれあいサロンが 四丁目・六丁目で始まる
平成二〇年(二〇〇八)一二月〜 ボランティア講座「落語にみる日本人の食卓」
平成二一年(二〇〇九)五月 「すいーとぽてと」宅配給食終了
平成二二年(二〇一〇)九月 高根台四丁目トリヴァンベール高根台一〇二の賃貸マンションに多目的集会所「楽し荘」開館。ミニデイサービス・ふれあいサロン喫茶「ゆひ」実施

以上のように団地の立て替えによる地域の変貌、社会情勢の変化、少子高齢化問題などとりくまなければならない課題が表出し、上記のような経過をたどっている。これらからみえることは、「公」で行動し「会」を発足させ、「場所」をつくり、そして「食」の提供である。その場が「社交場」と

なり、「コミュニケーション」が生まれた。一人でふらっと、夫婦で、友達と小グループの会合できる食空間が必要となった。

4 東日本大震災の被災地大船渡市の事例（写真7）

大船渡市は海の近くの漁村地区で津波の大きな被害を受けた。何も残っていない。住民は現在、災害用仮設住宅で暮らしている。二年間をかけて、復興住宅の建設をめざしている。まず住民の要求として、中央（真ん中）に食堂を作りたい。仮設住宅で暮らしていて、食の材料がなく、不自由な日々を送っている。食堂で作ってみんなで食事がしたい。そして次が生活必需品という。このことから食空間の大切な意味が顕著となった。

写真７　東日本大震災の被災地
（大船渡市／平成23年7月撮影）

4　現在における食空間とその課題

1 台所のない家

日常的な食事を家で作らないこと、私たちにはいまだ根強い否定間がある。家庭で作る料理、家族とともに食べることでお互いの絆は強まり家庭生活は安定する。そこには買った食事とは違う味が存在する。もし、食事がなくなれば家庭の家族に対するつながりは希薄になるであろう。食事を作る台所がなければ、生活の内部は乏しく文化も生まれず、従って継承されるものは何もない。家庭の存在価値は極端に小さくなる。食事を賄う負担感は社会的・経済的効率からいえば、食事づくりは家庭の外に追い出した方が損失は少ない。学校給食・社員食堂・学生食堂も社会制度とはいわないまでも、その効果によって成り立っている。それらがもっと拡大され、朝・昼・晩すべての食事が外でとれるようになった場合、家庭の台所はどうなっていくのであろうか。もはや食空間は必要でない。

2 外食

本来家庭でとるべき食事を外でとること、すなわち外食はもはや特別なことではなく、日常の食生活の一つとなっている。外食、すなわち食の外部化傾向はお弁当、お惣菜の購入、宅配も含んで急速に進んでいる。外食産業の調査によると、平成六年秋には家族で外食する頻度は月に一〜二回が三六・五%、二〜三か月に一回が三二・二%と増加しており、その市場規模はこの二〇年間で三倍になったという。東日本大震災以後のとりあつかいがどのような結果となっているか興味をひく。昔、お弁当というと家で作って外で食べるものであった。今は外で買って家で食べるのがお弁当である。一人暮らしの生活には便利である。外食は江戸時代から始まっていた。

③高齢者の食事

高齢者にとって重荷になるのは食事作りだという。福祉行政の面から食事の宅配サービスの利用、一人で引きこもるよりは、仲間と一緒に外食も一つの方法。介護付き老人ホームに住んで、食事はホームでという生活もある。高齢者には台所の重要性よりも、誰でも利用できる食堂が重要な位置を占める。

④サザエさん家（昭和二一年／図9）

国民的アニメーションと呼ばれるアニメ『サザエさん』は昭和二一年（一九四六）から新聞で連載された。楽しいわが家の代表といえばサザエさん一家であろう。その当時の中流家庭の一般的な間取りと家族関係の様子をよく現している。現在はテレビでも上映され、また教科書に採用され、家族のあり方を今日現在も示唆している。サザエさん（磯野）家の家系図は図10のようになっている。またアニメによって磯野家（木造平屋二所帯住宅五ＬＤＫ）、伊佐坂家（鉄筋コンクリート造二階建七ＬＤＫ）、裏のおじいちゃん・おばあちゃんの家（三ＤＫの平屋）、波野家（三階建マンション三階角部屋二ＬＤＫ）がみてとれる。そのなかで磯野家は大きな玄関、南面した客間一家の中心としての波平・舟さんの床の間付きの居室、そして茶の間である。茶の間は家の中心的空間として、食事や団欒は勿論のこと、風呂場に入るにも、顔を洗うにもこの部屋を通る。磯野家は団欒を中心とした間取りになっている。茶の間は丸い卓袱《ちゃぶ》台が置かれ、家族がともに食卓を囲み、同じものを食べる共卓・共食が実現する。

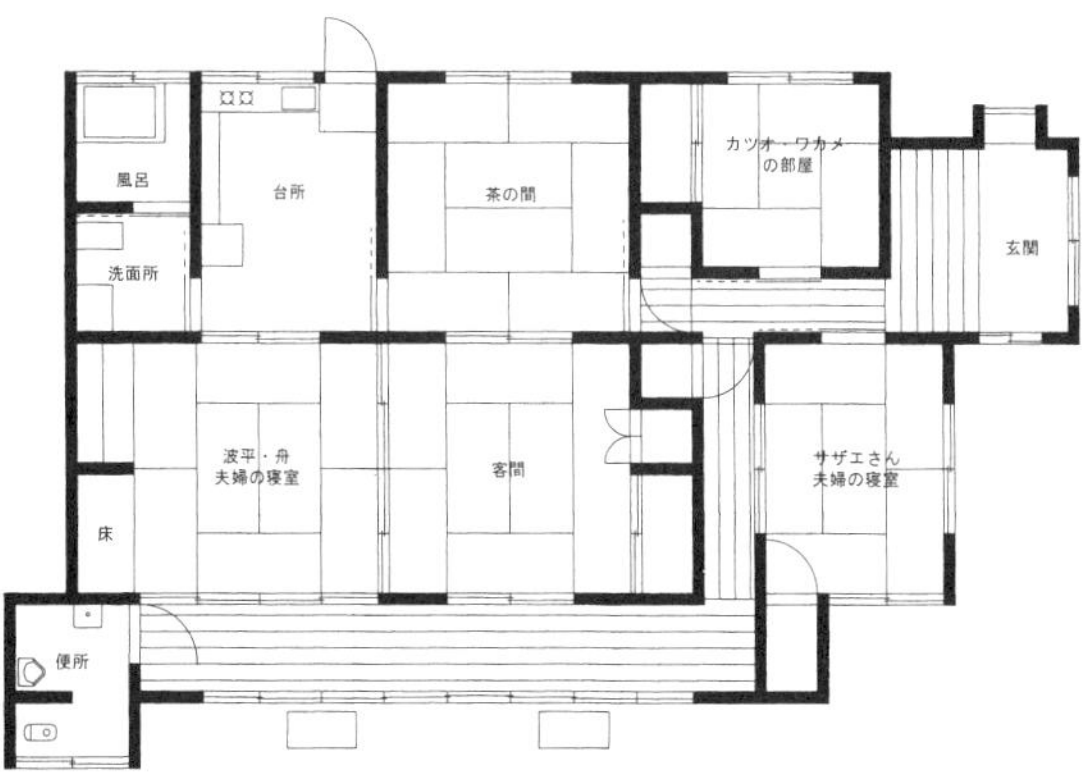

図9　サザエさんの家(昭和21年)

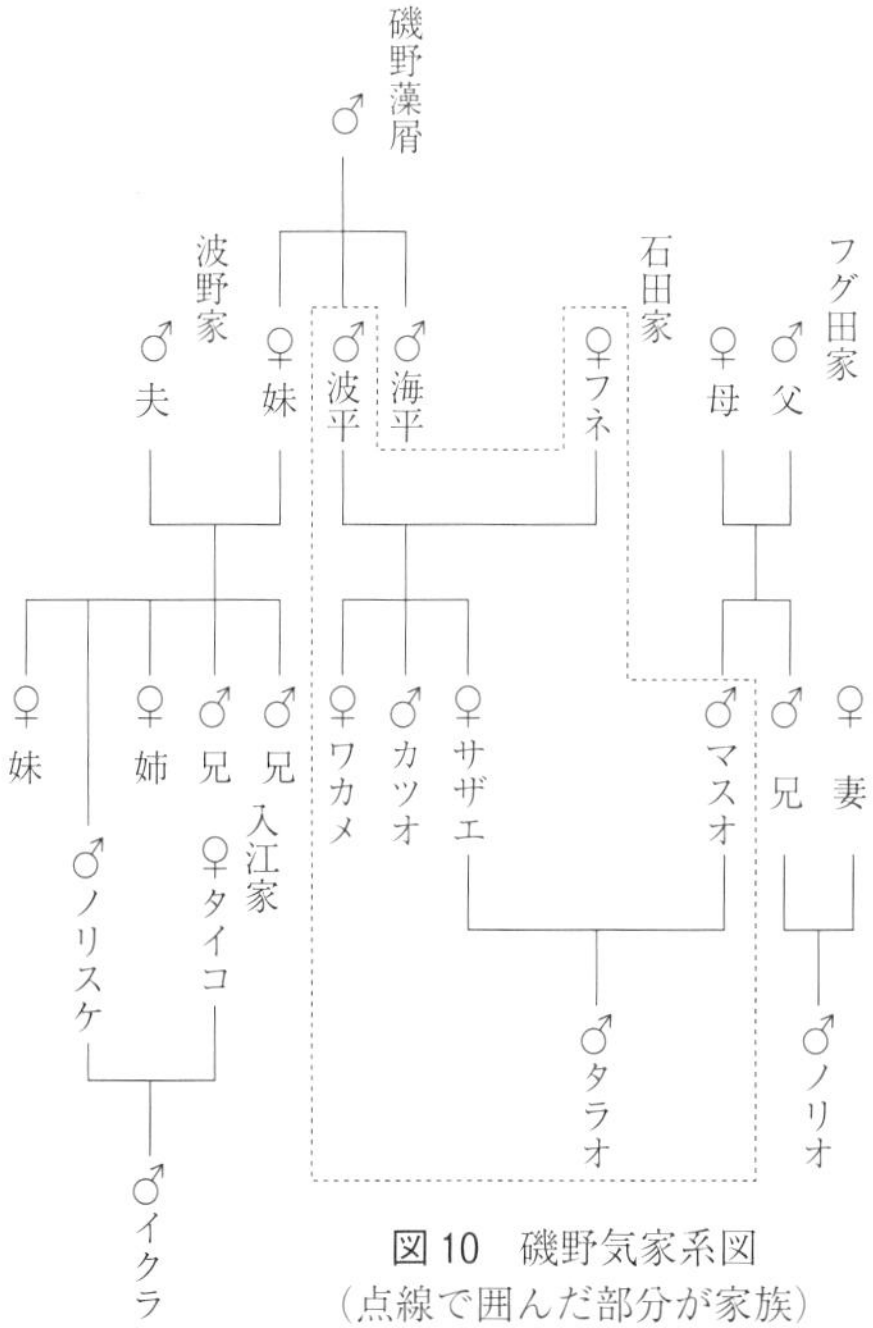

図10　磯野気家系図
(点線で囲んだ部分が家族)

おわりに

山田洋次（映画監督）氏といえば、『男はつらいよ』の寅さんを思い浮かべるであろう。山田洋次氏は現代の家族を描かせたら天下一絶妙な監督である。ある座談会で「家族とは、血のつながりだけに頼ることなく、一個の人間どうしの集合体として捉えるべきものだと思います。「車屋」（男はつらいよの舞台）に集まる人たちは、それぞれ精神的に独立していて、きちんと自分の意志を伝えよう努力してきました。だからこそ「車屋」の茶の間には「意思的な家族」を集う、開放的な団欒が存在するのです」と述べている。登場人物は開放された店や茶の間でお互いによく喋る。そしてお開きになると、寅さんは二階の布団部屋へあがり、さくら（寅さんの妹）たちは自宅へひきあげる。現代のように個室や居間が完備しているわけではない。家族関係も血縁関係ではない。しかし地域社会に根ざした「意思的」家族関係が潤沢に成立している。ここに家族を投影してみると、同じようなことがいえるのではないだろうか。寅さんシリーズは私たちに居間のあり方を考えるヒントを与える。何らかのルールをつくって家族がともに居合わす時間と空間が意図的に作られることが大切である。その点、食事の場がコミュニケーションの場となりやすい。

現代の人気のあるコレクティブハウス、シェアハウスなどは食空間の示す役割は類似していると考えられる。明治維新から一〇〇年余、時代は降ってもこの現象は親元を離れた若者たちが示す食生活のみだれ、子供の頃から個室に慣れた若者たちの無言の意思のあらわれかもしれない。自分の台所をなくし、皆で台所・食堂で食事をする。一緒に住む仲間は新しい概念「意思的な家族」である。伝統的社会が変化し、食空間のいわば社会性が必要となった。共食、共住、茶の間の復活が望ましい。食事室、共食、共卓、団欒はコミュニケーションが生まれる。孤独死・孤立死を避けなければならない。

伝統的な食空間を終わらせるかは家族の生活によってつくられる。生活から食空間は生まれる。家族がいままで培《つちか》ってきた食空間は家族の生活によって滅びることはない。これらの空間は分離できない。茶の間・団欒室といった居間空間が今後の食事空間の重要な位置を占めることになるだろう。

〔参考文献〕
平井聖『図説　日本住宅の歴史』、学芸出版社、一九八〇年
平井聖『日本人のすまい』、市ヶ谷出版社、一九八九年
山田幸一（監修）・高橋昭子・馬場昌子『物語――ものの建築史　台所のはなし』、鹿島出版会、一九九五年
川崎衿子・大井絢子『LIFE STYIE で考える　3　食卓が楽しい住まい』、彰国社、一九九七年
茶谷正洋『住まいの「建築学」』、彰国社、三頁、一九九七年
住文化研究会『住まいの文化』、学芸出版社、一九九七年
近江栄（監修）・向井覚・大川三雄・田所辰之助（共訳）・吉田鉄郎　建築家・吉田鉄郎の日本の住宅』（ＳＤ選書

二三七)、鹿島出版会、二〇〇二年
宮本健次『図説　日本建築のみかた』、学芸出版社、二〇〇一年
東孝光他『食べる空間・つくる空間』、彰国社、一九八四年
石毛直道(監修)・山口昌伴他『講座食の文化・第四巻　家庭の食事空間』、味の素食の文化センター、一九九九年
南博他『近代庶民生活誌⑥食・住』、三一書房、一九八七年
平井聖『住生活史――日本人の住まいと生活』、日本放送出版協会、一九八九年
高根台地区社会福祉協議会：1992~history~2009 記録集、高根公民館内ボランティア室、二〇〇九年
高根台地区社会福祉協議会資料
横浜市役所社会課：横浜市社会事業施設一覧、横浜市役所社会課、一九二一年
ヴォーリズ建築事務所作・中村勝哉輯『ヴォーリズ建築事務所作品集=W・M・Vories&company architects：their work in Japan 1908-1936』、城南書院、一九三七年(写真4)

「食のとらえ方」のパラダイムシフトを求めて
――アーユルヴェーダを照射版として――

清　ルミ

はじめに

一九八一年に結成された「日本の伝統食を考える会」によると、日本の食の特徴は次のように定義されている。①米が主食である、②副食の食材は日本の自然を生かした魚、豆、野菜、海藻類である、③旬と新鮮さを重んじる、④醤油、味噌、酒、みりん、納豆、塩辛、漬物などの発酵食材を利用する、④外来の食文化を融合させた料理である（宮本一九九四）。このような特徴を持つ日本の伝統食と食文化がますます衰退している傾向は、広く認められているところである。

筆者は、食を含む日本の文化が次世代に継承されることを願う者である。本稿では、伝統的食文化の先細りを踏まえ、異文化コミュニケーションを専門領域とし、大学で異文化コミュニケーション関連科目の教鞭をとる筆者の立ち位置から、まず1において食のとらえ方の現況を概観する。その上で、

2において、アーユルヴェーダにおける食のとらえ方を概説し、日本人の食のとらえ方に関するパラダイムシフト（それまで当然視されていた認識・規範・価値観などの枠組みが変化または移行すること）を提言する。さらに、3において、筆者の授業実践を通して得た食育のあり方の鍵について試論を述べる。

1 「食のとらえ方」の現状

我々の食に対する意識、とらえ方、価値観を決定づける要因には、さまざまな環境素因が考えられる。昨今では、家族で囲む食卓という従来の固定概念が崩れ、家族構成員が個々の生活時間に合わせて別々に食事をとる孤食化が進んでいる。食卓を家族で囲んだとしても従来のように一つの鍋を全員でつつくのではなく、それぞれの嗜好《しこう》に合わせた一人鍋を銘々が食すという個食化も食生活の新たな傾向である。

このような情況下においては、食への意識の持ち方が大きく変化していることが容易に推察し得る。そして、その理由は家族内における旧世代から新世代への食意識の継承が従来のように自然に行われなくなったことによると思われる。現代の食に対する嗜好は、むしろ身近なマスメディアから受ける影響が強いのではないだろうか。例をあげれば、一九八五年に『東京グルメ通信B級グルメの逆襲』（主婦と生活社）が雑誌の連載をまとめたかたちで刊行された。それをきっかけに、外食を「A級グルメ」「B級グルメ」と二極化して価値づけたのはテレビであった。それ以後、この二極の枠組みは既成事実化し、雑誌が外食産業のメニューをA級・B級とランクづけするようになり、外食産業もまたその枠組みに則《のっと》って自社製品をPRするようになった。食す側も、贅沢したい時はA級を、日常的にはB級をと、メディアが作りあげた枠組みにしたがって行動選択している。

本項では、「人々の食のとらえ方に与えるマスメディアの影響力は大である」という仮説のもとに、食のとらえ方の現状を考察してみたい。

1 食材のファッション化

あるテレビ局のバラエティ番組でとりあげられた特定の食材が他局の番組や雑誌にも連鎖し、一時的にブームを巻き起こしてはその食材がスーパーマーケットの棚から消える。そして、メーカーがその食材を量産化し始めた頃にはブームは下火となり、見向きもされなくなる。このような運命をたどった食材の例として、酢大豆・寒天・にがりなどがあげられる。こういった風潮を生み出している背景にはテレビがある。テレビは通常、リビングという居住空間の中で住人が最もくつろぐ場所に置かれている。そのテレビが、ある食材について視聴者を説得し、その食材を購入するよう促すからである。その結果として「その食材は良し」とする世論が一時的に形成される。この場合の説得とは、コミュニケーションにおいて人々にある行動をとらせるために、強制ではなく、倫理的・感情的・文化的に妥当な理由づけによって行動を促す試みを指す（鈴木二〇一一）。仕掛け人としての情報の送り手は、「知られざる健康的効果」をアピールしたり、「今この食材が流行っている」と既成事実化した「流行」を流したりすることで説得を試みる。受け手の側は「健康」や「美味しさ」といった視聴者の最大の関心事に訴求する食材情報を甘受し、その食材を求めることで「健康」や「美味しさ」を手にしたかのような満足感を得るのである。

ここには、情報の送り手が受け手に行動変容を促しながら、ある利益の獲得を約束する受諾獲得戦略というコミュニケーション上の方略が垣間見える。視聴者による特定の食材の買いあさりは、その食材のファッション化に一役買うことになるのだが、「健康に良い」という正当な理由づけは、受け手を盲目にさせる。そして、妥当な理由づけをともなう説得を期待する受け手は、絶えず新たな「流行」や「効果」の食材情報を求め続け、ブームに乗ることで安心するのである。

このような動向には、次の二つのマスコミ理論がそのまま当てはまる。一つは、メディアが大きく報道すればするほど受け手も重要だととらえ、関心を高めるとしたメディアの議論設定機能（McComs & Shaw, 1972）である。もう一つは、テレビがあるものについて単純化したイメージを繰り返し流すと、長期的視聴者はそのイメージを培養し、解釈の仕方を固定化させるとした培養理論（McQuail, 1983）である。ここには、テレビ・雑誌といったマスコミュニケーションの報道により、国民が好んで摂取する食材が左右されるという食文化の新たな形成過程がうかがえる。

2 食の〝ワンプレート〟化

平成二三年版食育白書によると、二〇一〇年（平成二二）に実施した「食育の現状と意識に関する調査」において、朝食摂取が増加した理由の筆頭に「時間的余裕ができたから」が三二・三％、朝食摂取が減少した理由の筆頭に「時間的余裕がなくなったから」が五三・〇％という結果が導かれている（内閣府二〇一一：一一）。摂取の増加と減少という対照的な行動変容にもかかわらず、その最大の理由として、いずれにも「時間的余裕」の有無があげられている。この調査結果は、「時間的余裕」の有無が食に対する意識に与える影響の強さを物語っている。

では、一般家庭では具体的にどのような食が日常的に嗜好されているのだろうか。本項では、一般家庭が嗜好する食を考察する目的で、二〇一一年に発行された料理雑誌の特集名の内容分析[1]を試みた。一般的に、実用雑誌の特集記事は購読者が望んでいるものに訴求する。したがって、特集記事のキャッチコピーを内容分析することで、一般家庭の食の嗜好が推察し得ると考えた。分析対象には、創刊から二五年の歴史を有する隔週雑誌で、一〇代から六〇代まで幅広い読者層を持つ『レタスクラブ』と『オレンジページ』の二誌を選択した。『レタスクラブ』は西友の、『オレンジページ』はダイエーの情報チラシから発展した生活実用誌で、料理とその食材を入手するスーパーマーケットとの連携が反映されているという理由から分析対象とした。表1は分析を行った二誌の特集見出しリストである。

表1　二誌の特集見出し

レタスクラブ

号数	特集見出し
1／10号	おいしく食べて免疫力アップ！　おかず
12／5号	カロリーダウン大ボリュームがうれしい！　太らないおかず
2／10号	いいことずくめ！　グラタン&ドリア
2／25号	ちょい足し調味料で早ワザおかず100
3／10号	ケンタロウさん太鼓判！　男子が喜ぶ！　ごはん
3／25号	ラクラクおいしい手抜きに見えない電子レンジおかず
4／10号	この一皿で偏ったバランスを帳消し!!　野菜たっぷりで大満足おかず
4／25号	身近な材料でご当地の味、すぐでき！　おうちでB級グルメ丼
5／10号	うちのキッチンでいつもの食材でできた！　ザ★韓国ごはん
5／25号	夏直前、たっぷり食べても安心！　太らないおかず
6／10号	炒めて蒸して揚げておいしい！　なす×肉の大人気おかず
6／25号	安い！　早い！　ヘルシー！のNo.1食材！　豆腐の夏おかず
7／10号	いいことずくめ！　夏のしょうがレシピ
7／25号	ボリュームたっぷり洗い物も少ない！　夏の麺
8／10号	洗い物が少ない！　パッと作れて節電！　フライパンで10分おかず
8／25号	カレーも！　おでんも！　冷やしておいしい夏おかず
9／10号	ジューシー！　疲労回復！　節約にも！　とりむね肉のボリュームおかず
9／25号	おいしくて太らない！　きのこでヘルシー！　秋おかず

10/10号	枝元なほみさん直伝　万能だれでおかず名人！
10/25号	ケンタロウさん&コウケンテツさんガツンとうまい！　秋どんぶり
11/10号	デパ地下で！　カフェで！　人気のあのメニューが簡単にできたおうちでデリおかず100レシピ
11/25号	安うまメニューの救世主！　究極のもやしおかず
12/10号	節約にもなる！　アレンジいろいろ作っておけるおかず20
12/25号	ごちそうメニューも10分デイリーおかずも！　チキン大百科

オレンジページ

号数	特集見出し
1/2号	パパッとおつまみ決定版　おもてなしお役立ち号
11/7号	おもてなし、おつまみ、デイリーおかずまでフル活用本当に使える肉ストック
2/2号	主菜は＋2素材、副菜は＋1素材あつあつ豆腐の便利おかず
2/17号	毎日のおかず、おべんとうが楽うま♪　市販のたれ&ドレッシング【超】活用！
3/2号	豚こま、鶏肉、合いびき肉で！　晩ごはんから→お弁当に大変身おかず
3/17号	あともう1品に悩んでませんか？　厳選！　使えるサブおかず
4/2号	人気メニューのランクアップテク&女子会の絶賛メニュー　絶対ほめられレシピ大公開！
4/17号	「脱マンネリ」アイディア満載　お弁当でもう悩まない！
5/2・17号	ジューシー！　しっとり！　ウマすぎ！　鶏レシピ
6/2号	あの「もっちり感」できちゃいます　おうちでトライ！　米粉パン&米粉スイーツ
6/17号	朝漬け込むだけ　夜焼けばOK！　忙しい日のラクチン晩ごはん
7/2号	ボリュームおかずからスイーツまで豆腐って最高！
7/17号	人気料理家5人が競演！　おいしさ自慢のヘルシー定食、できました！

8/2号	こくうま、あっさり、定番メニューがここに集結なすフェス！
8/17号	味が決まる！ ぞっこん！ 具だくさん万能だれ
9/2号	しみしみ、ふわとろ、とろっとろどんぶりがウマい！
9/17号	おいしさ、トコトン！ 豚こまバンザイ！
10/2号	やみつきになる新味づくしコクうま！ 根菜レシピ
10/17号	味つけも、焼きかげんもバッチリ失敗しない！ 炊き込みご飯
11/2号	「ゆるゆるだね」でジュシー！ 作り置きでラクラク！ ひき肉おかず
11/17号	今夜のごはんと忙しい日に2度使える！ 冷凍できるラクチンおかず
12/2号	めっちゃ簡単！ めっちゃウマい！ コウケンテツ流大根&白菜の絶品おかず
12/17号	ごちそうにもデイリーおかずにも大助かりブラボー！ 万能肉ストック

表2　訴求要因の分析結果

訴求要因	レタスクラブ	オレンジページ
早さ、楽さ	10	12
ネタ切れサポート	6	9
ボリューム	6	1
健康	9	1
食感	1	10
他者へのアピール	1	4
経済性	5	0
スキル	0	4

表3　素材・品目の分析結果

素材・品目	レタスクラブ	オレンジページ
肉	3	8
魚	0	0
野菜	4	4
豆腐	1	2
海藻類	0	0
スパイス・たれ	3	2
一皿もの(丼など)	5	1

まず、見出しを訴求要因から次の八種にコード分類した。**「早さ・楽《らく》さ」**（例：「すぐでき」「一〇分」「ラクチン」など）、**「ネタ切れサポート」**（例：「脱マンネリ」「使える」「いつもの食材で」など）、**「ボリューム」**（例：「たっぷり」「ボリューム」など）、**「健康」**（例：「免疫力アップ」「太らない」「ヘルシー」など）、**「食感」**（例：「ジューシー」「しみしみ」など）、**「他者へのアピール」**（例：「おもてなし」「絶賛メニュー」など）、**「経済性」**（例：「安い」「節約」など）、**「スキル」**（例：「失敗しない」「味が決まる」など）の八種である。表2はその分析結果である。

次に、素材・品目別に**「肉」「魚」「野菜」「豆腐」「海藻類」「スパイス、たれ」「丼、ドリアなど一皿もの」**の七種にコード分類した。表3はその分析結果である。

表2の訴求要因の分析結果をみると、『レタスクラブ』は「ボリューム」や「健康」「経済性」に、『オレンジページ』は「食感」や「他者へのアピール」「スキル」に訴求しているという点で、それぞれの雑誌の特徴が認められる。注目すべき点は、二誌に共通して、同レベルの最も高い確率で訴求しているものが、「早さ・楽《らく》さ」であるという点である。

表3の素材・品目の分析結果からは、『レタスクラブ』が丼物やドリアなどの一皿ものを頻繁に扱っている点で『オレンジページ』と異なるものの、二誌に共通して登場回数の多い素材は「野菜」と「肉」である。日本の伝統食である「魚」「海藻類」はゼロであり、「豆腐」もあまり求められてはいそうにない。

表2・表3の結果と表1の見出し表現とを照らし合わせてみると、一般家庭で嗜好されるものは、「ジューシーで経済的な豚こま切れ、ひき肉、鶏肉のいずれか」と「緑黄色野菜ではない保存の効く野菜」の「短時間で楽にできるおかず」であるということが読みとれる。伝統的な日本型食生活は一汁三菜を基本とし、食生活改善運動の献立パターンともされているが（江原・石川・東四柳二〇〇九）、特集記事名を分析する限りではその反映はみられない。

以上のことから、現在の一般家庭で嗜好される食は、多忙で時間的余裕のない生活の中で、購入する手間、作る手間を極力省いた肉と野菜の惣菜《そうざい》であるということが推察される。買い置きできる材料で手間暇かけずに素早く用意し、主菜と副菜を別にしないという点では、食の〝ワンプレート〟化が進行しているともいえよう。

3 数値・ガイドライン至上主義

栄養

我々は、主として新聞・雑誌・書籍・インターネットといった活字メディアからの情報を通して「健康を維持するためには栄養のバランスが大切である」という規範意識を形成している。では、この場合の「栄養」とは、どのような意味で認識されているのだろうか。

江原（一九九二）によると、「えいよう」という語彙は西洋の近代医学、特に生理学の翻訳語として江戸後期から用いられ始めた。明治半ばまでは「営養」と「栄養」の両表記が混在し「滋養」という訳語も使われていたが、大正期に栄養学が独立した学問として確立されてから「栄養」の用語と表記に統一された。このように、日本の栄養学は西洋の近代科学を素地としている。

日本では、一九七〇年に「栄養所要量」が策定された。たんぱく質・ビタミンなど栄養素ごとに標準となる摂取量が示され、五年ごとに改定されてきた。二〇〇五年からは、「食事摂取基準」が「栄養所要量」にとってかわり、同じく五年ごとに改定されている。現在使用されている二〇一〇年版の基準は、「可能な限り、科学的根拠に基づいた策定を行うことを基本」としたもので、より「確率論的な考え方」で数値がとらえられている（厚生労働省二〇一〇：二）。この摂取基準は、エネルギーを「推定必要量」で、たんぱく質・脂質・炭水化物・ビタミン・ミネラルなどの各栄養素を「推定平均必要量」「推奨量」「目安量」「耐容上限量」「目標量」の五種類の指標で設定している。たとえば、「推定平均必要量」は、特定の年齢層と性別集団の、ある母集団に属する半数が必要量を満たすと推定される一日の摂取量である。このように、「栄養」は「統計学的な基準値を満たす成分」として人々に示され、認識されている。

しかしながら、これは一《いち》認識にすぎない。栄養成分をより「科学的」に精密に分類し、それぞれの成分の数値的「平均」を摂《と》るように努めたところで、各人の体調の良し悪しといった日常的な営みに必要な感覚を機能的に測ってはくれない。

一方、栄養学の研究は、特定の栄養成分が体にどのように影響するかという食物と体の因果関係の研究が一般的である。しかしながら、「体」には個体差があり、置かれた環境も異なる。こういった数値化しにくいコンテキストは一切無視されている。五明は、これに対し、「A（原因）、B（結果）の〈中略〉関数関係を吊り支えているものは生体（人間、動物）という「場」にほかならない。しかし、この肝心要《かなめ》の「場」については研究者たちは言及しない。〈中略〉この「場」はおそらく実証科学によっては根拠づけられない。なぜなら、生体という「場」こそがコレステロールや血糖や骨密度に意味と価値をあたえているからだ」として、現代栄養学をメタレベルから批判的に論じている（五明一九九六：六〇）。さらに、五明は、薬と食物との関係について、日常的な食物が薬の働きに深くかかわっていることに言及し、薬の実験段階では患者が日常何を食べているかは無視すること、食物は単品ではなく高度の複合系としての調理品であり科学的分析の手に負えないことなどを指摘している（五明一九九六）。

数値的平均値としての「栄養」は、大学入試の偏差値のように、あくまでも一つの目安であるはずだが、目安が最終ゴールであるかのように認知され、評価されているのが実情である。

食生活　では、我々はどのような食生活をすることを規範としているだろうか。つい先頃までは、メディアによって「一日三〇品目」が謳われていた。この背景には、一九八五年（昭和六〇）に厚生省（当時）が出した「健康作りのための食生活指針」がある。この食生活指針の中で「一日三〇食品を目標に」という提示があったことに起因する。しかし、二〇〇〇年（平成一二）に文部省・

厚生省・農水省（当時）が共同で策定した新たな「食生活指針」では、この一日三〇食品は削除された。二〇〇〇年版の食生活の指針は次の一〇項目からなる。

①食事を楽しむ。②一日の食事のリズムから、健やかな生活リズムを。③主食、主菜、副菜を基本に、食事のバランスを。④ごはんなどの穀類をしっかりと。⑤野菜・果物、牛乳・乳製品、豆類、魚なども組み合わせて。⑥食塩や脂肪は控えめに。⑦適正体重を知り、日々の活動に見合った食事量を。⑧食文化や地域の産物を活かし、ときには新しい料理も。⑨調理や保存を上手にして無駄や廃棄を少なく。⑩自分の食生活を見直す。

日本は戦後、アメリカの余剰農産物の受け入れを受諾し、小麦・乳製品・卵・肉などを摂取し始めた（鈴木二〇〇三）。それにより、食生活は急速に欧米型化した。疾患の傾向もそれにともない欧米化しているが、アメリカでは、脂肪の摂取を控え、炭水化物を多く摂るよう指導したこの二〇年間で、肥満とされる人の数は三二％も増加している（ブラウンスタイン二〇〇二）。このことは、先述の指針のうちの④と⑥により、アメリカと同じ結果がもたらされる危険性を危惧させる。

また、厚生労働省と農林水産省は、二〇〇〇年に策定された「食生活指針」をより具体的な行動に結びつけるため、二〇〇五年に「食事バランスガイド」を策定した。このガイドは、バランスと料理例が逆円錐型のイラストで表示されている。一日分の摂取量が、主食は五から七、副菜は五から六、主菜は三から五、牛乳・乳製品は二、果物は二のように、望ましい組み合わせと量で示されている。

この「食事バランスガイド」に関し、テレビ・雑誌・交通広告を用いた普及活動が展開された。しかしながら、策定から五年経過した平成二二年版食育白書では、スーパーマーケットでの集中的な情報提供を行っても、一時的な食態度・食行動・食物摂取内容の改善にとどまり、行動変容の継続は期待できなかったという実例をあげ、「食事バランスガイド」の啓蒙活動の限界を報告している（内閣府二〇一〇）。

マスメディアを用いたPRが功をなさなかった理由には、次のようなことが考えられる。これまで述べてきたように、民間のテレビ番組や雑誌が国民の欲しているものに訴求しているのに対し、官主導の「ガイド」は国民が必ずしも求めてはいない規範を押しつけようとするため賛同が得られないのではないかという点である。食生活の指針やガイドラインが、ネーミングはもとより、その内容も目まぐるしく変わるという点も一因ではないだろうか。

4 低迷する食育

二〇〇五年、日本では世界的に例をみない食育基本法という法律が制定された。「食育」という言葉は、一八九六年に『化学的食養長寿論』の中で石塚左玄が「体育智育才育はすなわち食育なり」と著わしたことが初出とされている。食育基本法にはこの立場が生かされているようである。基本法の前文には、生涯にわたり豊かな人間性をはぐくみ、生きる力を身に付けていくために食が重要であることが示されている。この基本法では、国・地方自治体・学校・地域・民間団体などの協働事業を通じて、家族で囲む食事や郷土料理の推奨、食事のマナー教育などの国民運動が求められている。また、毎年六月を食育月間、毎月一九日を食育の日と定め、啓蒙活動を奨励している。

基本法が施行されてから五年が経過し、第一次食育推進基本計画の目標値と達成率が二〇一一年三月に発表された。そこでは、計画で掲げられた九項目のうち、達成されたのはわずか二項目のみであったことが報告されている。

九項目とは、①食育に関心を持っている国民の割合、②朝食を欠食する国民の割合、③学校給食における地場産物を使用する割合、④「食事バランスガイド」等を参考に食生活を送っている国民の割合、⑤メタボリックシンドロームを認知している国民の割合、⑥食育の推進に関わるボランティアの数、⑦教育ファームの取組みがなされている市町村の割合、⑧食品の安全性に関する基礎的な知識を持っている国民の割合、⑨推進計画を作成・実施している都道府県および市町村の割合である。そのうち、目標値を達成したのは、「⑤メタボリックシンドロームを認知している国民の割合」と「⑥食育の推進に関わるボランティアの数」の二項目である（内閣府二〇一一）。

⑤の「メタボリックシンドローム」が目標値を達成した背景には、マスメディアの影響があろう。バラエティ番組、テレビCM、インターネットが次々に「メタボ」という略語でコミカルにとりあげ、瞬《またた》く間に広まった。また、勤務先などでの定期健診で、ウエスト周囲を測る検査が組み込まれたこと

による認知度の上昇もあったと考えられる。
⑥が達成された背景としては、基本法成立以前から各地で進められていた地産地消運動や町おこし村おこしへの住民ボランティアの参画が大きかったのではないかと推察される。たとえば、「地産地消」を「千産千消」と同音で文字を変えた千葉県の運動は二〇〇二年に始まり、その活動はメディア報道によって全国に飛び火した。筆者の住む静岡県でも、二〇〇四年にＪＡ静岡がフォーラムを開催し、県内市町村の市民グループの活動を誘発した。
九項目の特性を分析すると、地方自治体の実践を問うものは③⑦⑨の三項目で、国民に問うものは①②④⑤⑥⑧の六項目である。自治体が問われた内容は、③⑦のように学校を中心とした地元の生産者との連携である。国民が問われた内容は、規範行動と基礎的な知識である。たとえば、②④は「朝ごはんは必ず食べる」「食事バランスガイドという指針に基づいて食生活を送る」という規範に則った行動がとられているかどうかが問われている。①⑤は「食育」や「メタボリックシンドローム」といった言葉の認知度が、⑧では「食の安全性」についての知識が問われている。

いずれも、数値で測りやすい各論的な現象をとらえようとしているが、基本法の前文に明記されている「生涯にわたり豊かな人間性をはぐくみ、生きる力を身に付けていくため」の食の位置づけや意義を問い直す根源的なチェック項目は含まれてはいない。そもそも食育を法化しなければならなかった問題の所在や原因も基本法には明示されてはいない。教育の方法や内容は多様な試みがあってこそ豊かなものが構築されていくはずであるが、その肝心な内容と方法が基本法第一九条から第二五条においてすでに規定されてしまっているという点も日本における食育を形骸化させてはいないだろうか。

2　提言——別のモノサシをもつ——

1において、食にあてる現代日本人のモノサシがどのようなものであるかを概観した。河合は、食について「科学的に正しい知識を受け入れたとしても、健康の概念や食物の選択に関する嗜好には、文化の要因が深くかかわっている。その要因として重要なのは、私たちが無意識的に身に付けている知覚や認識の仕方（信念体系 belief system）なのである」と述べ、食や食行動を認識の仕方の反映とみている（河合二〇〇〇：六八）。筆者もまた、食文化の形成や食行動の選択に関し、表層的・断片的に数値でとらえた「栄養」や、規範となる「食生活」「食品」についていくら情報提供に努めたところで、食する主体である人間を射程外に置いている限り、文脈を無視した単語の暗記の推奨と同じで、無意味だと考える。

そこで、2では、1で概観した日本人の価値観、認識の仕方、信念体系といったこれまでのモノサシを照射し、新たなモノサシを提示し得るものとして、インドのアーユルヴェーダの思想を概説してみたい。

1アーユルヴェーダとは

アーユルヴェーダはインド五千年の智慧と呼ばれる伝統医学であり、生活実践である。アーユルヴェーダはアーユス（「行く」等の意味をもつ動詞から派生し、寿命や生命を表す）とヴェーダ（「知る・理解する」という動詞から、智慧・知識を表す）からなる言葉で、「生命の科学」と訳される。西洋医学はいかに病気を除去するかの科学であり、病因を病人に関係のない外的要因に求める傾向があるが（上馬場一九九四）、アーユルヴェーダは人と環境の調和をベースに、治病だけでなく健康維持・増進の予防医学の立場を重視し、個々人が自身の自然治癒力を引き出すことに力点を置く個の医学である（イナムラ二〇〇三）。アーユルヴェーダでは生命を図1のように肉体・精神・魂の複合体としてとらえる。アーユルヴェーダは健康を、肉体が病んでいないだけでなく、精神と魂が最良の状

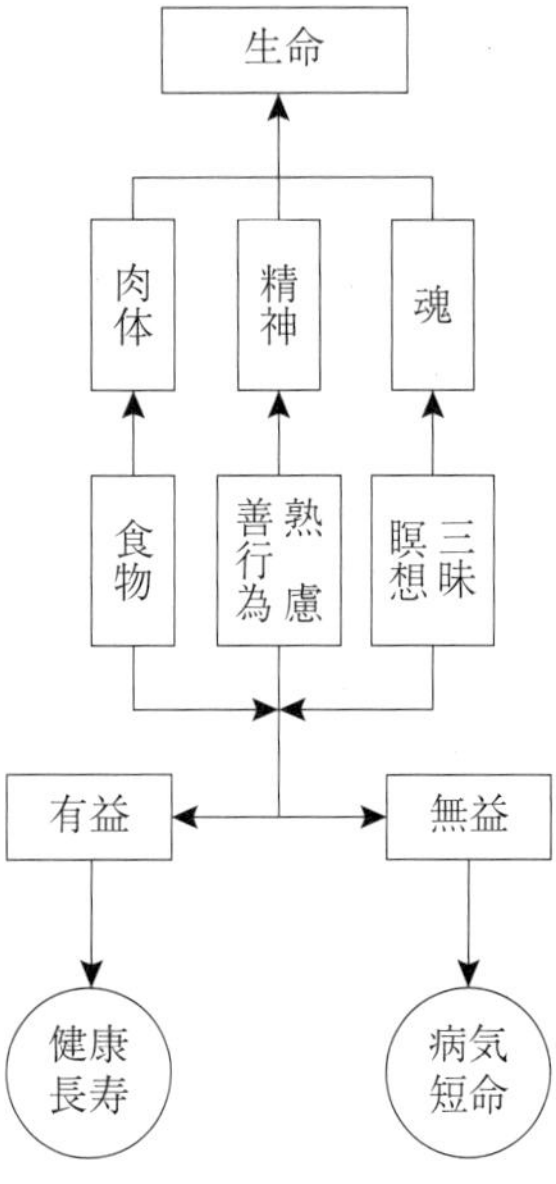

図1　アーユルヴェーダにおける生命と健康のとらえ方

出典：V・B・アタヴァレー（稲村晃江訳）『アーユルヴェーダ日常と季節の過ごし方』（平河出版社）

態にあり、その機能が正常に活動している状態と定義し（アタヴァレー一九八七）、幸福で有益な人生と長寿をめざす。日本では、難治性疾患の治療法が開発された結果、寝たきりや植物人間状態の患者が増加し、その人たちのＱＯＬ（quality of life）は低下しているが（上馬場一九九四）、アーユルヴェーダの視点からみると、このような状態は不健康である。

アーユルヴェーダは、紀元前三千年頃に医学として体系化され、紀元前八世紀には医者の教育制度が確立されていたといわれている。三大医書に、『チャラカ・サンヒター』『スシュルタ・サンヒター』『アシュターンガ・フリダヤ・サンヒター』がある。前の二冊は紀元前に編纂されたが、それよりはるかいにしえから伝承されてきたもので、これらの教えは今日でも聖書のように用いられている。主として口伝によりグル（医匠）から弟子へ徒弟制度によって伝承されてきたこと、インドがイギリスの統治を受けた時代に軽視され迫害されたことなどから、一九九八年にアメリカで代替医療センターが設立されるまで、世界的認知度は高くはなかった。日本では、奈良朝に中国からアーユルヴェーダの医学書が伝わり、インド生薬が用いられた。その生薬の一部は正倉院に収められている（幡井二〇〇〇）。

アーユルヴェーダでは、環境にも人にも空風火水地の五大元素があるとして、イメージとしては図2のように、体をドーシャと呼ぶヴァータ、ピッタ、カパの三種の要素のバランスでとらえ、三つのバランスがとれたときを健康とみる。どのドーシャにも五大元素があるが、優勢な元素がそれぞれ異なり、それが各ドーシャを特徴づけている。三種のドーシャのうち、どれがアンバランスを起こしやすいかにより、人の性質や体質をみる。また、心への作用は、図3のイメージのように、サットヴァ（純粋性・叡質）、ラジャス（動性・激質）、タマス（惰性・暗質）の三種の属性でとらえる。ドーシャにより優勢となる心の性質は異なり、心と体は密接に関係し合っているとして、情緒的側面を重要視する。「同じ性質のものが同じ性質を増やす」という法則で変化するため、一例をあげれば、動

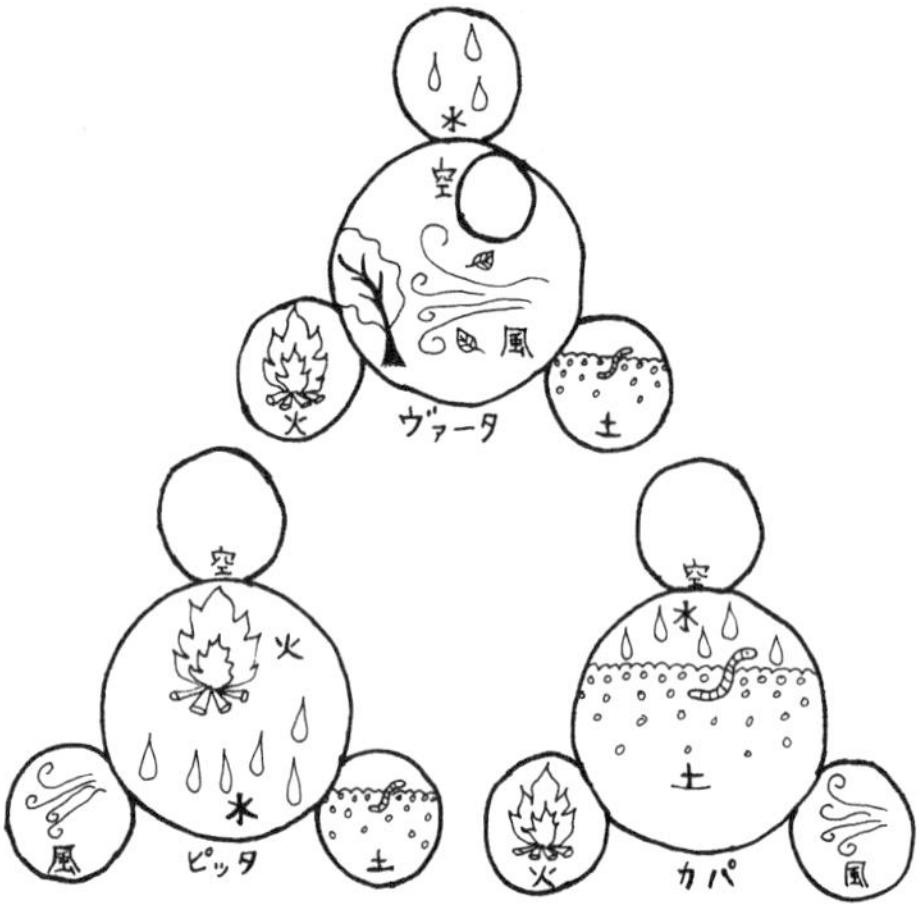

図2　3つのドーシャと5大元素の関係

図3　3つのドーシャと3種の心のエネルギーの関係

性・激質のラジャスが増加して動きすぎるとイライラし、風や火といった同じ動性を持つヴァータとピッタを増加させ、バランスをくずす。惰性・暗質のタマスが増加すると動きが鈍く、怠惰で出不精になり、カパを増加させる。

2 アーユルヴェーダの食のとらえ方

アーユルヴェーダでは、食は生命の源であり、心と体を決定する重要なものとしてとらえている。生命を幸福かつ健康な状態で維持するために、食事が薬と同等の価値を持つとした薬(医)食同源[2]の考え方をする。また、自分の居住地の周囲二キロ以内でとれる物を食するよう身土《しんど》不二《ふじ》を薦めている。食物が完全に消化されれば、病気は起こらないとし、未消化物を体に残さないようにすることを重視する。そのため、食べ合わせを考慮し、悪い食べ合わせを避けるよう教えている。避けるべき代表例として、乳製品と酸っぱい物を同時に摂《と》ることがあげられよう。乳製品が凝固し、未消化物を体内に作るとされているからである。

さらに、体質により、アンバランスを起こしているドーシャをバランス化させるために、摂った方がいい食べ物と摂らない方がいい食べ物を味と性質で分けている。アーユルヴェーダでは、食べ物には甘、酸、塩、辛、苦、渋の六つの味があり、ドーシャに影響を与えるとしている。また、食べ物のもつ性質を二〇の属性(重、軽、冷、熱、油、乾燥、鈍、鋭、静、動、軟、硬、濁、純、滑、荒、微細、粗、固、液）でもとらえ、ドーシャへの影響をみる。たとえば、火の性質が優勢であるピッタ体質の人やピッタがアンバランスを起こしている人の場合は、酸っぱい、塩辛い、辛いの三味を控えた方がいいとされる。ピッタは熱い性質を持つため、この体質の人が激辛《げきから》の物を食べると、心のラジャスが高まりすぎてイライラが募《つの》って激《げき》しやすくなり、ますます激辛の物に走るようになる。この場合は、苦い、甘い、渋い味の物を食べることが薦められる。冷性の食べ物は、冷性をもつヴァータとカパを増加させ、熱性の食べ物はピッタを増加させるので、体質によって控える物が異なる。このように、食べ物を「栄養」ではなく、味と性質でとらえる。

そして、食べ物の働きは、食材の組み合わせや量、産地の他に、食材の摂れる季節、食材を作った人や流通者の想い、調理の仕方や調理する人の気持ち、摂取する時間、摂取する人の体と心の状態によって変わるとしている。たとえば、愛情を込めて喜びとともに作った料理は消化されやすく、怒りで作った料理は消化されにくい。食す側も、怒りや不安のある時は未消化となるので、喜び、楽しさ、感謝とともに食べることを奨励する。夜遅く食事をした人やカパ体質の人には朝食も抜くことを薦め、万人に対して同じ回数を摂るよう指示するようなことはない。

現代栄養学の常識では、「何を」食べるかが重要視されるが、アーユルヴェーダでは、「何を」より「どのように」食べるかが優先される。たとえ無農薬の野菜、地産地消の食材、無添加の調味料でバランスよく作られた料理でも、夜遅く、仕事上のトラブルを思い起こしながらストレスを紛《まぎ》らすかのように早食いし過食をしたら、怒りの質を増して未消化となり、体に悪影響を与えるとみる。

日常の習慣としては、朝、舌苔《ぜったい》をとることを奨励している。舌の表面には、細菌や細胞、白血球の死骸などが白い苔として付着している。これを取るためにタングスクレーバーというU字型の金属製の苔取りを使用する。舌苔のつき具合で、消化不良や過食などの体調を知ることができるとし、舌苔を毎朝チェックすることで、個々人が食のとり方を調整する。

特筆すべき点としては、食は経口食物だけでなく、心や精神のための食物もあるとしていることである。例えば、寄付などの善い行いをすること、人に与えること、他人を傷つけないこと、愛情をもって人に接すること、良い言葉を話すこと、真実を話すこと、平和を愛する心と行為、瞑想などが心や精神のための食物とされている（イナムラ二〇〇三）。

以上のように、アーユルヴェーダにおける食のとらえ方は、数値や平均、全体主義的な価値づけとは対照的で、全人格的かつ個別的なとらえ方であるということができよう。

3 「楽しさ」と「愛情」の伝播

筆者は、2で概説したアーユルヴェーダを学ぶ途《と》にあり、人間をホリスティックにとらえるアーユルヴェーダの思想を自分のものとするよう努めながら日々生活し、社会的使命を果たしたいと考えている。3では、そのような考えを根底に据えて授業実践をする中で、筆者が得た文化の継承につなが

表4　大学生の食の嗜好に関する調査結果

年	2000	2002	2004	2006	2008	2010
みそ汁飲まず	6.0	5.5	7.3	7.0	7.2	7.2
ぬか漬け食べず	21.0	23.2	22.0	23.5	28.0	25.5
餅食べず	14.1	13.2	18.0	15.0	16.3	16.4
お節食べず	20.3	19.0	23.0	25.2	22.3	31.0
小豆食べず	21.2	22.3	19.5	23.2	24.0	25.1
緑茶飲まず	5.1	7.2	7.0	7.1	6.8	7.2
だし取る	10.5	10.3	9.0	7.4	2.3	3.1
家に急須なし	0	0	2人	5人	5人	6人
家族でペット茶のみ	0	2人	7人	8人	12人	13人

る鍵に関して試論を述べてみたい。

1 大学生の嗜好の現状

表4は、筆者がここ一〇年、毎年一月に「日本語教育入門」[3]の履修学生に対して実施してきた食の嗜好に関する調査結果の隔年データである。対象者の総数は年によって異なるが、例年一一〇名から一五〇名である。外国人、日系人、一人暮らしの学生を除外し、家族と同居をしている学生を対象とした。その九割以上が静岡県の出身者であり、三割が三世代同居である。「みそ汁飲まず」から「だしを取る」までは%表示で、その他は人数表示である。「だしを取る」「家に急須なし」「家族でペット茶のみ」は家庭の傾向であり、それ以外は学生個人の嗜好の傾向である。結果を二〇〇〇年と二〇一〇年で比較してみると、日本の伝統食や食材を敬遠する率がおしなべて高くなっていることが読みとれる。だしを取る家庭はこの一〇年で激減してわずか三%となり、化学調

味料が主流を占めている。また、静岡県は茶の生産高日本一の県であり、茶農家の出身者が多くいるにもかかわらず、この一〇年で家に急須を置かず、家族全員でペットボトルの茶しか飲まない家庭が増えている。理由としては「だしを取ることも茶葉で茶を淹《い》れることも、面倒くさい」が圧倒的多数を占めている。一〇年前から学生の二割以上が敬遠していた「ぬか漬け」「お節《せち》」「小豆《あずき》」については、「食卓に上らないから、食べつけない」という理由が八割を占めている。このことからは、料理をする親の世代にすでに前世代からの食の継承が途絶えていることがうかがえる。

2伝播の効果

1で述べたような勤務校の学生の嗜好傾向をとらえつつ、筆者は、平均三〇～三五名という比較的少人数で開講する「異文化コミュニケーション論」の授業をリサーチワークを中心に行っている。まず文化を、物質文化・行動文化・精神文化の三層構造でとらえる（清二〇一二）。本項では、自文化を知ることを目標に行う食文化についての授業の一コマに言及する。

まず、日本の衣食住への季節感の取り込みについて触れ、季節の風物詩と日本の文様の意味についてリサーチワークさせる。食文化における日本の文様に関しては、器《うつわ》、ふきん、季節ごとに変わる生菓子などの実物に触れさせる。限られた授業時間内でも可能なことを考え、筆者が日常的に使用している季節の移ろいを表す箸置のコレクション等をみせたり、四季折々の花鳥風月を象《かたど》った和三盆《わさんぼん》の干菓子を試食させたりする。筆者の作ったお節料理の写真をみせ、作る楽しさや家族に食べてもらう喜びを語ったりもする。勤務校の所在地が茶の生産高日本一であることを踏まえ、茶葉の種類による茶の淹れ方の違いと味も体験させる。「食」のリサーチワークのテーマとしては、発酵食やハレの食、食器、食行動などをグループごとに選択させ、発表させる。

この授業は大学三年生以上が履修する科目である。二〇〇九年度より大学三年時に履修した学生を対象に、授業終了一年後の卒業時に「異文化コミュニケーション論の受講により行動変容が生じ、それが今でも継続していることがあれば、その理由と共に記述せよ」という質問紙調査を実施している。これまでの回答数は計八七である。(4)

ここでは、回答の中から「食」に関するもののみをとりあげる。記述内容は多岐にわたるが、同類の自由記述回答の上位三項目は以下の通りである。「食べつけなかった発酵食（納豆・漬物・みそ汁・金山寺《きんざんじ》味噌など）、お節料理、豆料理などを食べてみようと思うようになった。理由は、日本の伝統食の歴史をリサーチして、興味・関心がわいたから、体に良いことがわかったから」（四一％）、「季節感や文様のある和食器、手ぬぐいを購入し使用している（家族にプレゼントしている）。理由は可愛いから、季節のある国に生まれた良さを知ったから、先生の箸置コレクションがいいと思ったから、など」（二六％）、「自分でお茶をいれて飲むようになった。和菓子をたまに買う。理由は、お茶がおいしいと思えるようになったから。季節ごとに変わる楽しさはケーキにはないから、など」（二〇%)。

紙幅の関係上、詳細に触れることはできないが、調査結果からは、リサーチワークという知識注入型ではない獲得型のアプローチによる学習効果が多少なりとも認められる。授業担当者が「良し悪し」の価値判断を示すことや「べき論」を控え、ファシリテーター(中立的な立場で、参加者の心の動きや状況をみて調整する役割)に徹し、学生が自分自身で価値判断していくよう促すことで、これまで関心をもたなかった日本の食文化への関心をいくらかは呼び起こすことができた。また、授業担当者が生活者として日本の食文化を愛し楽しんでいる様子が期せずして波及し、「楽しい」「面白い」という情意的側面が伝播したという手ごたえを得た。

対象者の人数が課題とはなろうが、[1]で触れたような学生の食嗜好の現状を今後どのように変革していけばよいかの鍵は、食育のアプローチの方法と、食育担当者の情意的側面によるところが大きいのではないかと考える。

[3]食文化の継承に必要な情意的関係性

塩谷は、一九九八年と二〇〇三年に、正月料理を切り口に、食文化の継承意識に家族関係がどのように影響しているかを都心部と山漁村部の三世代同居の五〇世帯を対象に調査をしている(塩谷二〇一一)。その調査結果から、食の担当者である第二世代の女性の意識に焦点をあて、次のような興味深い考察をしている。料理が愛情・信頼・感謝などの情緒的要因に結びついている場合は、都心部でも山漁村部でも周辺状況の変化とは無関係に食文化が継承されているが、逆に世代間の葛藤、婚家との確執や不満がある場合は、食文化の断絶意識が働いている。また、家族員から評価が得られた場合、料理の作り手にとっての重要な他者への効果的な自己表現や自己達成感の手段となり、食文化が継承されている。まとめとして、塩谷は、食文化の継承には食以前に家族の情意的な関係性のありようが影響するとの結論を導き出している。

この塩谷の論考は、文化の継承に不可欠なファクターが何であるかを示唆している。食の継承には、食以前にまず、周囲の人間関係が愛情と信頼に満ち、感謝し合い、評価し合える良好な関係であることが大変重要であるということである。

今後、核家族化、非婚者、一人暮らしの増加など、文化はますます継承されにくくなる傾向が予想されるが、継承意識をプラスの方向に作用させる情意的な人間関係を、家族構成員の間のみに限定する必要はないであろう。先述したように、家族内の世代間における食意識・食文化の継承はすでに期待できない。それゆえに、これからは、友人や近隣者など家族以外の人たちと、プラスに働く情意的な関係性をどう構築するかということが、文化の継承意識に色濃く反映されていくのではないだろうか。

おわりに

1で論じたように、現代人が好むものは、時間と手間を惜しんだ手軽な食事と、「健康志向」という安心を与えてくれるサプリメントのような「健康食材」である。そして、そのような動向に歯止めをかけるべく、行政機関は「科学的」に妥当な摂取量の基準や食生活の指針を策定しては改定を重ね、それらの規範に従うよう方向づけるための食育を推進している。

しかしながら、車にガソリンを入れるかのような食生活もさることながら、人間を個としてではなく画一的なロボットかモノのようにみなし、食や健康を「科学的」に分析するとらえ方や教育をそのままにしておいてよいのだろうか。明治以降、我々は西洋的な唯物論や白黒つける二項対立的なものの見方で物事をとらえてきた。その結果、「科学的」には解明しにくい心の充足を得るための智慧を過去に置き去りにしてきた。その弊害の一例として、拒食症や過食症のような摂食障害が急増している。

このような時代だからこそ、アーユルヴェーダの智慧から学ぶものは決して少なくない。個としての人間の環境性や生理性を考慮すること、体質に合った食を適切な取り方で取ること、医食同源のとらえ方、食が体だけでなく心をも決定するというとらえ方、数値化されにくい五感の重視、根源的な感性や情緒の重視、愛情と信頼を基盤とした関係性の重視など、日本人が切り捨ててきた東洋的なものの見方をもう一度見直す良い機会を、現在の閉塞状況が与えてくれているのではないか。

食そのものはもとより、目で食す、季節感の盛り込み、器のあしらい、料理名の付け方、「お通し」や勘定書きの置き方、客のもてなし方など、外国人から称賛される日本の豊かな食文化をこのまま葬るのはあまりにも惜しい（清二〇〇七：二〇〇八：二〇一三）。食育が、生きる主体である人間を軸として、芸術性や情意的側面などの重層的な価値やソフト面の価値を重視しながら行われたら、被教育者の関心を呼び起こすことも不可能ではないであろう。

食のあり方を生き方の総体の中でとらえ、食行動や食態度を決定するパラダイムが今こそ求められている。

（1）　社会学、ジャーナリズム研究で用いられる研究手法の一つである（Krippendorff, 2004）。メッセージの特徴を明らかにするために、分析単位を決定し、その単位ごとにカテゴリー化したコードにより分類する。解釈の基準、分類方法を記したプロトコールを作成し、それに従い複数のコーダーが別々にコーディング分析する。数量的分析が可能なばかりでなく、質的にも分析可能である。分析の信頼性と妥当性はコーダー間の信頼性係数を測ることで示す。本分析のコーダーは社会学者と筆者の二名である。信頼性係数は橋元（一九九八）の式で産出した。上限は一・〇で、〇・九以上で信頼性が証明しうるとされているが、本分析では全カテゴリーの信頼性係数は〇・九八であった。

（2） 中国伝統医学では「薬食同源」と表現する。「医食同源」は新居裕久の造語である（新居二〇〇八）。日本では「医食同源」の方がより一般的に用いられている。

（3）「日本語教育入門」は全学年履修可能な科目である。二〇〇三年までは「日本語教育Ⅰ」「日本語教育Ⅱ」という名称であった。二〇〇〇年と二〇〇二年のデータは「日本語教育Ⅰ」「日本語教育Ⅱ」の履修学生の回答である。

（4） 二〇一〇年から二〇一二年までの三年間で回収率は九六％、回答者数は各年、三二一・二八・二七人であった。

〔参考文献〕

V・B・アタヴァレー（一九八七）稲村晃江訳『アーユルヴェーダ　日常と季節の過ごし方』平河出版社

新居裕久（二〇〇八）『二十一世紀の医食同源』ベターホーム出版局

イナムラ・ヒロエ・シャルマ（二〇〇三）『美しく豊かに生きる――アーユルヴェーダとともに歩んだ三十年』出帆新社

上馬場和夫（一九九四）『なぜ人は病気になるのか』出帆新社

江原絢子（一九九二）「家事教科書にあらわれた食関係用語の変遷（第一報）：「栄養」に関する用語と表記について」『日本家政学会誌』四三号、五三三～五四二頁、日本家政学会

江原絢子・石川尚子・東四柳祥子（二〇〇九）『日本食物史』吉川弘文館

河合利光編著（二〇〇〇）『比較食文化論　文化人類学の視点から』建帛社

五明紀春（一九九六）『〈食〉の記号学——ヒトは「言葉」で食べる』大修館書店
厚生労働省（二〇一〇）『日本人の食事摂取基準（二〇一〇年版）』医薬出版株式会社
塩谷幸子（二〇一一）『食文化の継承意識に影響する家族関係』風間書房
鈴木猛夫（二〇〇三）『「アメリカ小麦戦略」と日本人の食生活』藤原書店
鈴木健（二〇一一）「説得コミュニケーション・コンピテンス：現代社会において承認を得るための能力」鈴木健編著『コミュニケーション・スタディーズ入門』大修館書店
清ルミ（二〇〇七）『優しい日本語——英語にできない「おかげさま」のこころ』太陽出版
清ルミ（二〇〇八）『ナイフとフォークで冷奴——外国人には理解できない日本人の流儀』太陽出版
清ルミ（二〇一二）「文化とコミュニケーション」鈴木健人・鈴木健・塚原康博編著『問題解決のコミュニケーション——学際的アプローチ』白桃書房
清ルミ（二〇一三）「食文化」「食習慣と食事マナー」石井敏・久米昭元・浅井亜希子・伊藤明美・久保田真弓・清ルミ・古家聡編著『異文化コミュニケーション事典』春風社
内閣府（二〇一〇）『平成二二年度版食育白書』
内閣府（二〇一一）『平成二三年度版食育白書』
橋元良明（一九九八）「メッセージ分析」高橋順一・渡辺文夫・大淵憲一編『人間科学研究法ハンドブック』ナカニシヤ出版
幡井勉（二〇〇〇）『新版アーユルヴェーダの世界　二一世紀の医療　統合医療へ向けて』出帆新社
D・ブラウンスタイン（二〇〇二）氏家京子訳『関節痛・リウマチは完治する』中央アート出版社

宮本智恵子（一九九四）『伝統食列車が走る』つむぎ出版
Krippendorff, K.（2004）*Content Analysis: An Introduction to Its Methodology*, 2nd ed. CA: Sage Publications.
McCombs, M., & Shaw, D.（1972）The agenda-setting function of the mass media. *Public Opinion Quarterly*, 36, pp.176-187.
McQuail. D.（1983）*Mass communication theory : An introduction*, Beverly Hills, CA : Sage Publications.

〔調査資料〕

『オレンジページ』二〇一一年一月二日号～一二月一七号（オレンジページ）
『レタスクラブ』二〇一一年一月一〇日号～一二月二五日号（角川マガジンズ）

高齢者と食の満足——韓国の高齢者福祉施設を例に——

守屋亜記子

はじめに

本稿は、韓国の高齢者福祉施設を例に、そこで暮らす高齢者の食生活について社会、文化的視点から考察する。本稿の目的は、高齢者にとって食の持つ意味とは何か、またどのような食が高齢者に満足感をもたらすのかについて明らかにすることである。

韓国において高齢者をめぐる環境は、近年大きく変化している。二〇〇〇年に高齢化社会に入って以降、他の先進国に例をみないほど急激に高齢化が進んでおり、その流れはもはや止めようもない[1]。二〇〇九年の高齢者人口は一〇・七％（五一九万人）に達し、二〇一八年には高齢社会に入ると予測されている（保健福祉部二〇一〇：一八九）。二〇〇八年七月には、老人長期療養保険制度（日本の介護保険制度にあたる）が施行された。

韓国では、儒教が生活規範となっており事親孝養（親に事《つか》えて孝養する）や敬老の思想が生活のさまざまな場面でみられ、伝統的に家族扶養が当然のこととされてきた。しかし、都市化や核家族化が進んだこと、また人々の価値観の変化とあいまって、高齢者の生活の場は家庭から福祉施設へと移りつつある。保健福祉部も『二〇〇八保健福祉家族白書』において、施設扶養に重きをおいた政策の重要性を説いており、家族扶養から施設扶養への流れは、もはや止められないものとなりつつある。

施設生活における衣食住のうち、とりわけ食は入所者たちにとって日々の楽しみであり、おいしさは快感や快楽をもたらしてくれるものである。食生活の満足度は、生活そのものへの満足感に結びつくだけに重要である。

これまで、韓国では高齢化率の上昇を背景に、一九八〇年代以降、主に栄養学や調理学の立場から高齢者の食について調査・研究が行われてきた。在宅高齢者の食嗜好や食生活に関する研究、在宅高齢者と施設居住の高齢者の食生活を比較した研究など（Yaung Ja Park 1996, Ahn Sook Ja 1999, Kyung Ja Cho 1998）、高齢者の健康状態や栄養摂取について分析したものがほとんどである。これらの先行研究に共通するのは、栄養学的観点から高齢者の食生活の問題点——例えば栄養不足や栄養の偏《かたよ》りなど——を指摘し、高齢者が健康に生活を送るためには、合理的な高齢者栄養政策の策定と栄養学的に望ましい高齢者食の開発が必要だと結論づけている点である。先行研究の目的は、あくまでも栄養学的にバランスのとれた理想的な食生活に高齢者の食を近づけることにあり、高齢者自身の食の社会、文化的背景やこれまでの食の履歴といったことには目が向けられてこなかった。

人間にとって「食べる」とは、本能である食欲を満たすとともに、生命を維持し成長するために不可欠の行為である。しかしながら、人間にとっての食は、単に必要な栄養素を摂取し、満腹になればよいというものではなく、おいしさや楽しさ、精神的満足感を求める行為でもある。そして、食事のおいしさ、楽しさ、満足感は、社会、文化的意味づけに負うところが大きいことも事実である。味覚や食に対する態度は、栄養という価値以外の、各々の人生のなかで形成された個人的習慣や家庭環境、社会、文化的背景によって形成される部分があるからである（石毛一九九九：二〇一）。

本稿では、高齢者たちが施設の食生活のなかでどのように食のおいしさ、楽しさ、満足感を得ているかという問いに答えるため、施設の食がどのように整えられ供されているか、また、供された食を高齢者たちがどのように取り込んでいるか、さらには施設が供する食以外の食についても分析する。

1　調査及び調査対象施設概要

現在、韓国において設置されている高齢者福祉施設には、住居福祉施設・医療福祉施設・余暇福祉施設・在宅高齢者福祉施設の四種類がある。住居福祉施設と医療福祉施設は、長期居住を目的とした施設、余暇福祉施設とはエアロビクスや歌などを習い、余暇を楽しむための施設、在宅高齢者福祉施設とはいわゆるデイサービスセンターのことである。

本稿で扱うのは、高齢者住居福祉施設（A施設）と高齢者医療福祉施設（B療養院）である。住居福祉施設が健常者を対象とするのに対し、医療福祉施設は疾患を抱える人も受け入れるという点で異なるが、どちらも長期間の居住を目的とした施設である。

本稿で用いるデータは、二〇〇二年九月に行った予備調査と二〇〇四年一月から二〇〇六年三月ま

朝鮮半島全図

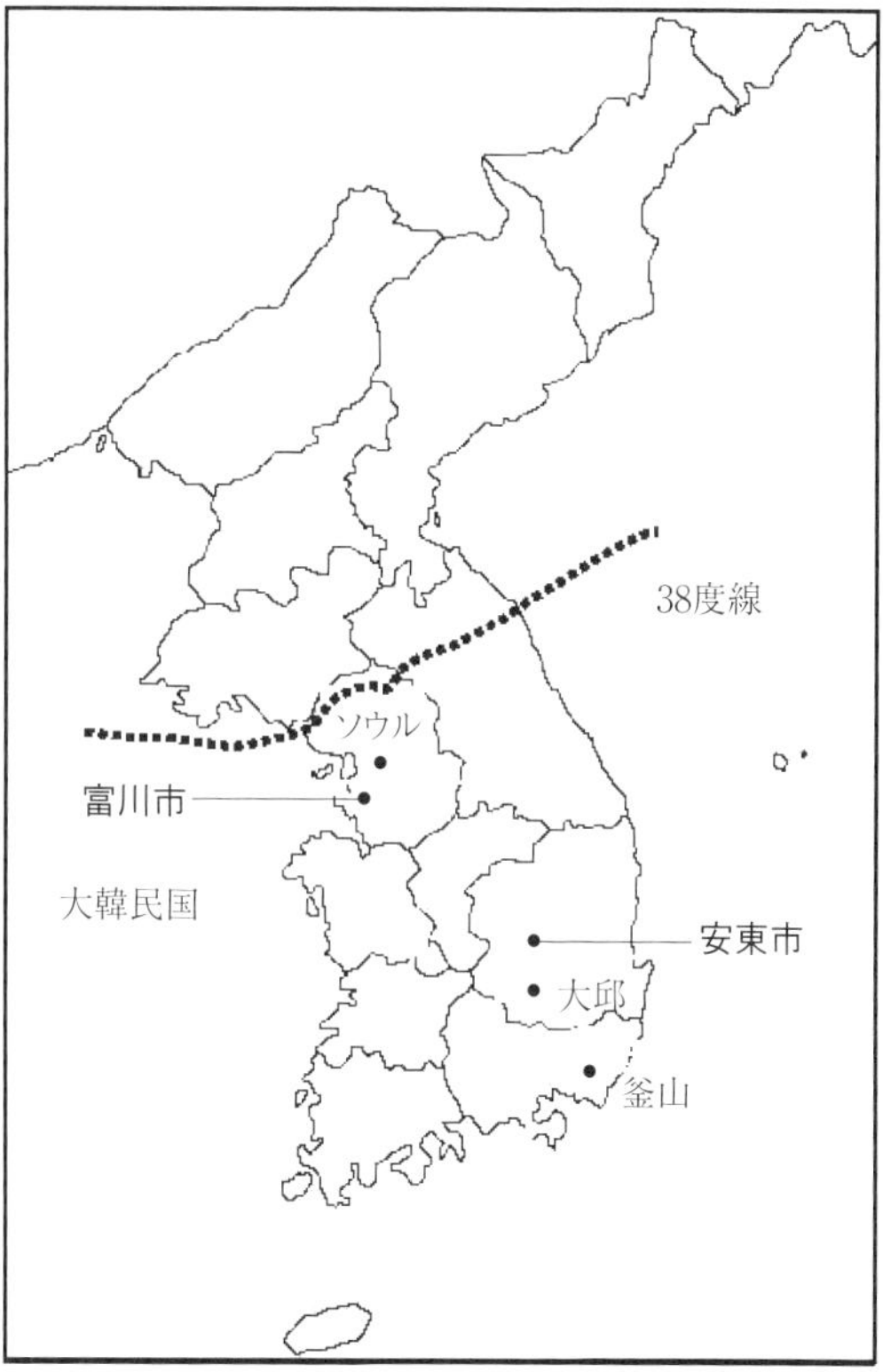

での本調査、二〇〇七年七月と二〇〇八年一月に行った補足調査によるものである。したがって、老人長期療養保険制度が導入される以前のデータであることをあらかじめ断っておく。

調査対象施設は、カトリックのS修道会が運営するA施設（高齢者住居施設）とB療養院（高齢者医療福祉施設）である。A施設は、慶尚北道安東市の農村部に位置し、B療養院はソウル市内から電車で四〇分ほどの京畿道富川市に位置する。

安東市は、ソウルから東へ約二五〇キロメートルのところに位置する、慶尚北道の地方都市である。名門両班[2]の宗家が数多くあり、儒教の伝統を色濃く残す保守的な街として知られる。A施設は、安東市内から車で約二〇分の農村地帯にあり、周囲に商店は一軒もない。市内へ向かう路線バスは一時間に一〜二本程度である。

富川市は、首都ソウルのベッドタウンともいえる都市である。B療養院は、国鉄一号線富川駅から徒歩一五分のところにあり、駅から施設へと向かう道路ぞいには在来市場がある。療養院には総合病院が隣接し、広い敷地は木立に囲まれ緑も多い。

A施設・B療養院ともに、入所条件は身寄りのない六五歳以上の女性であることと定められている。しかし、実際にはそのような人は少数で、入所者の多くは経済的な理由等により、家族扶養が望めないかあるいは家族による扶養を望まない人々である。

入所者数は、A施設が七名、B療養院は七三名、世話をするシスターと職員の数は、それぞれ五名、三〇名であった。A施設は小規模施設、B療養院は大規模施設ということができる。入所者の属性は、A施設ではほぼ全員が地元慶尚道の出身であるのに対し、B療養院では出身地は韓国全土のみならず、現在の北朝鮮や旧満州、日本にいたるまで広範囲にわたっている。調査当時の入所者の平均年齢は、ともに八六歳であった。

2 韓国の食文化

施設の食について説明する前に、韓国の食文化の特徴について述べておく。韓国の献立構成は規則的である。米飯を主食とする飯床(飯膳)の場合、副食の数によって、三楪《チョプ》飯床(一汁三菜)、五楪飯床(二汁五菜)、七楪飯床(三汁七菜)、九楪飯床(三汁九菜)、一二楪飯床(五汁一二菜)に分けられる(3)。楪とは蓋《ふた》つきの器のことである。キムチは飯や汁物同様献立の基本と考えられており、楪数には数えない。楪数が増えればキムチの数も増える(4)。また、旬の素材を用いて、素材や調理法が重複しないように献立が調えられるため、多様な嗜好《しこう》を満たすことができるとともに、栄養面でもバランスが取れているといえる。

ただし、現在の日常の食卓ではこれらの原則が必ずしも守られているわけではない。若い世代は、朝食はパンとコーヒーだけということも多いし、夕食をカップラーメンとキムチですませることもある。とはいえ、現在でも、主食、汁物、キムチ、副食という献立構成が韓国の食の基本であることに変わりはない。

韓国には、季節や行事に合わせて食べる時食（季節食）や節食（行事食）という概念がある。時食とは、旬の食材を調理し季節の味を楽しむ習慣である。農業技術や貯蔵技術が発達した今日では季節感も薄れ、時食は以前ほどには意識されなくなっている。しかし、それでも春になると市場やスーパーにはナズナやヤブカンゾウが並び、春ならではのナムルやチゲを楽しむ。夏には補身湯（犬肉のスープ）、秋にはどじょう汁など、時食の習慣は韓国の人々の生活にしみ込んでいる。

また、二四節気にちなんだ節目を名節と呼び、正月、立春、上元（旧暦一月一五日）、秋夕（旧暦八月一五日）、冬至などには、名節ならではの特別な料理、すなわち節食を食べる習慣がある。例えば、正月にはウルチ米で作った餅を入れた雑煮[5]、上元にはコメにアズキ・アワなどを加えて炊いた五穀飯や、干し野菜で作ったムグンナムル（上元菜）、また良い知らせがよく聞こえるようにと耳明酒という酒をいただく。収穫の秋を迎えた秋夕には、新米で作った餅でゴマやアズキなどの餡《あん》を包み、松葉を敷いて蒸したソンピョン（松片）[6]を祖先に供えるとともに、親族一同でこれを食べる。冬至にはウルチ米の粉で作った団子を入れた小豆粥を作り、家の中に邪気が入らないようにと大門にこれを撒《ま》く。現在では、これらの名節すべてを行うわけではないが、このうちいくつかは、現在でも広く一般に節日として認識され節食が食されている。

韓国の食文化に、イデオロギーの面で影響を与えたのは儒教である。朝鮮王朝時代、崇儒排仏《すうじゅはいぶつ》が国策とされ、孔子の時代を社会の理想とする復古的儒教は、食生活にもさまざまな影響をおよぼした。例えば、喫茶習慣の衰退、犬肉食の習慣、肉膾を食べる習慣、平面展開型の配膳法、匙と箸を用いた食事方法の定着などである。

このほか、李盛雨は、「老人栄養学」の発達をあげている。朱子家礼にもとづく事親孝養（親に事《つか》えて孝養する）の思想は、道徳の根本であり生活規範であった。そのため、子は父母の疾病時には投薬、看護し、孝道に万全を期すことが求められ、「老人栄養学」に通じていることが必要であった（李盛雨一九八四：二九－三〇）。李盛雨のいう「老人栄養学」とは、不老長寿を旨とする道教の神仙術と儒教の孝の観念が結びつき、そこに朝鮮半島の薬学を取り入れて成立した、食餌《しょくじ》法をも含めた独自の老人養生学を指す。

「長幼有序」「男女有別」という儒教の考え方は、日常の食生活にも反映された。例えば、膳を供する順序や食礼においてである。飯は年長者から順に盛り付け、お膳も必ず年長者から供する（姜仁姫・李慶馥一九八四：七〇）。また、伝統的には男女の居住空間および食事空間は隔離されており、膳を供する順序も男性が先であり、女性は最後であった。

韓国の膳は、伝統的に原則として独床（銘々膳）だが、数人で膳を囲む兼床の場合には料理は年長者が食べやすいように配膳する。年長者が食具を手にとり食事を始めてから、年少者も食事を始める。肉や魚を使ったおかず（好饌）は、年長者に優先的に供する（黄慧性・石毛二〇〇五）。また、珍しい食べ物が手に入った場合にも、まずは年長者に供され、続いて年少者に配分される。伊藤は、一九七三年、全羅南道珍島でのフィールドワーク中、ドロップを村の子供たちへの土産にと持参したところ、最初に年寄りに供され、その残りが子供に与えられたと述べている（伊藤一九九八：七〇）。

このように、伝統的に儒教の教えは日常の食生活のさまざまな場面に反映されているのであるが、現在は大きく変化している。一九七〇年代以降の経済発展にともない、都市化、核家族化が進み、また伝統家屋から集合住宅へと住居形態が変化することにより、ある種の食卓の民主化が進んだ。現在の韓国では、家族一緒にダイニングテーブルもしくはちゃぶ台を囲む食事スタイルが一般的である。もっといえば、家庭において日常的に父親と母親、子供がともに食卓を囲むことは難しくなっている。父親は残業や会社の付き合いで深夜に帰宅し、子供は夜遅くまで塾で勉強というのでは、一緒に食事をするのは週末ぐらいにならざるを得ない。

このような現代であっても、韓国では食事は誰かと共に食べるものであるとの意識が強い。仕事であれ遊びであれ、韓国では人と会うことは共に食事をすることと同義である。食堂でひとりで食事をしようものなら、家族も友人もいないかわいそうな人、とみられてしまうと韓国人はいう。どうしてもひとりで食べなければならない場合は、家に出前を頼むのだ。

3　施設生活における食事の時間

施設の生活は、起床から就寝まですべてがタイムスケジュールにそって、規則正しく営まれている。決められた時間に決められたスケジュールをこなす生活では、自由時間さえ始まりと終わりが決まっている。一日のスケジュールはもちろんのこと、入浴や洗濯の日、趣味教室の時間割など一週間の予定、さらにはクリスマスや日帰り旅行、文化祭などの年間行事もあらかじめ決められている。

こうした生活のなかで、とくに入所者たちの生活のリズムを作っているのが、祈禱時間と食事の時間である。A施設・B療養院はともにカトリックの修道会が運営する施設なので、朝昼晩一日三回の祈禱時間がもうけられている。入所資格として信者であることは求めていないが、入所後に改宗したり入信したりして、全員祈禱に参加している。

食事時間が決まっているということは、その日の体調によって食欲がなくてもまたその時間に空腹でなくても、決められた時間に食堂に集まり、出された食事を食べなければならないということでもある。入所前、ひとり暮らしをしていた人のなかには、「一人で暮らしていたときは、食べたくなければ食べないときもあったし、パンひとつですませることもあった。入所してから体重が増えた」という人もおり、施設での規則正しい食生活は健康維持・生命維持に寄与しているといえる。

日常生活のスケジュールが決まっているということは、逆にいえばそれだけ変化の少ない生活であるということでもある。A施設の場合、一か月に一度の看護師の訪問や掃除ボランティアがくる程度で、外部の人々と触れ合う機会は非常に少ない。日曜日に市内の教会でミサに参加するほかは外出の機会もなく、高齢ということもあり、一日のほとんどの時間を室内で過ごす。B療養院の場合は、毎日交代で掃除ボランティアが訪問し、時には学生ボランティアや実習生がやってくるなど、不定期ではあるが若い世代や異性と会う機会がある。健常者は、多い人で一か月に数回近隣の在来市場に出かけたり、施設周辺を散歩したりするなど外出することもあるが、疾患を抱えた人たちは一日の多くの時間をベッドの上や施設内で過ごす。

このように、変化の少ない日常生活のなかで、入所者たちにとって食事の時間は確実に変化がもたらされる時間である。A施設の場合はほぼ毎日、B療養院の場合は毎食献立が変わる。入所者のなかには歯がほとんどなく、義歯もないため歯茎で咀嚼《そしゃく》しなければならない人もいるが、そんな人でも「食事の時間は楽しい」といって、毎日の食事を楽しみにしている。規則正しくまた単調な日常生活であるために一層、施設の生活における食事の時間は、入所者にとって単に食欲を満たし生命を維持するためだけのものではなく、生活の中で変化を感じることのできる楽しみな時間となっている。

4　施設食の特色

施設の食の作り手は、一定の専門性を有している。A施設では、栄養士や調理師の資格は持たないが、高齢者福祉施設での調理経験が豊富で、料理上手なシスター一名（調査当時六〇代）が担当し、一方、B療養院では栄養士の資格を有するシスター一名（調査当時四〇代）と調理師二名が担当している。B療養院は、五〇名以上に配食を行う団体給食にあたるため、規定で食事作りには栄養士と調理師の有資格者があたることが求められているからである。

厨房設備や調理器具は、A施設が一部を除いてほとんどすべてが家庭用であるのに対し、B療養院では大型の業務用を用いていた。また、食材の購入は、A施設が在来市場や定期市で現金購入していたのに対し、B療養院では大型スーパーや卸売市場を利用していた。大規模施設であるB療養院では、経理上決済を可視化するために、クレジットカード払いが可能な店を利用する必要があったからである。

施設の食事作りは、入所者が健康的な食生活を送ることができるよう、衛生的であることと栄養バランスがとれていることが重視される。B療養院の栄養士シスターは、食事作りにおける留意点について、「食中毒を出さないこと」「入所者たちが健康に生活できること」の二つをあげている。

まず衛生面での対応であるが、両施設では食器洗浄機や消毒機器を用いた食器の洗浄、ふきんや雑巾の煮沸《しゃふつ》消毒、調理室および冷蔵庫の定期的な清掃が行われていた。B療養院では職員および入所者に対する衛生指導、栄養教育も行われていた。入所者の世代は衛生観念に乏しく、そのため食事のさいに食べきれなかった食べ物――例えば海苔巻やヨーグルトなど――を、自室に持ち帰り食べることがある。季節によっては食中毒を引き起こす可能性もあるため、施設として食中毒防止の目的で衛生指導を行う必要性があった。

栄養指導については、A施設では、例えば背の青い魚は血流をよくし、カレーライスに使われるウコンは認知症予防に効果があるなど、食事の折にシスターたちが栄養効果について話して聞かせた。B療養院では、栄養士が「骨粗鬆症《こつそしようしよう》防止によい食べ物」や「便秘防止によい食べ物」といったテーマで定期的に栄養教育を行い、入所者たちが栄養知識をふまえて食生活を送ることができるよう指導した。

このほか、施設では決められた予算の範囲内に食費を収め、食材を無駄にしないように使い切ること、作った料理を食べきること、すなわち経済合理性も重視された。

調理においては食べやすさのみならず、ときには食べにくさにも配慮していた。例えば、繊維質の多い野菜は、咀嚼《そしやく》の不自由な高齢者にとっては食べにくい素材である。そのため、野菜の調理には時間をかけて柔らかく仕上げ、咀嚼したさい、繊維質が口に残らないようにした。しかし一方で、肉料理の場合はとくに柔らかい部位を使用したり、柔らかく調理したりすることはなかった。牛カルビの煮物は骨付きのまま煮込み、豚足の煮物は軟骨をつけたままスライスし、鶏肉のから揚げも骨付き肉を用いて作った。

これらの肉料理は、咀嚼力が弱い人や歯が少ししか残っていない人には食べにくいはずである。しかしながら、入所者たちにとっては、この食べにくさこそが肉料理を食べる実感につながるのだ。入所者の世代は、出身階層によって差はあるものの、多くの人は日本による植民地支配や朝鮮戦争などにより、厳しい食生活を余儀なくされ、肉類を日常的に食べられる環境になかった。そのため、肉への強い嗜好性《しこう》がみられた。肉はあくまでも噛《か》みごたえや食べごたえがあってこそ、「肉を食べた」実感がわくのであり、薄切り肉や柔らかく調理された肉では、口に入れたとき、すぐに溶けてしまって食べた気がしないのだという。

食後のデザートとして果物を供するさいにも、入所者がひと手間かけて食べられるような供し方をする。リンゴやナシ・マクワウリは、一口大に切ったりミキサーにかけたりせず、縦半分に切った状態で供する。そのようにして出された果物を、入所者たちは匙で果肉を削って食べるのだ。この方法は、ミキサーがなかった時代に果物を離乳食として与えるさいに用いられたやり方であり、入所者世代にとってはなじみのある食べ方なのである。あらかじめ食べやすくカットされていたり、ペースト状になった果物を食べるよりも、食卓で自らひと手間かけることにより、食べることへの満足感が増すのであろう。

配膳のさいには、平等に分配するよう気を配る。A施設では四人がけの長方形のテーブル、B療養院では六人がけの丸テーブルで食事をする。配膳はテーブルごとに行う。A施設では、飯と汁物は各自に、副食はテーブルごとに配膳される。取り皿や取り箸はなく、副食は各自が自分の箸でつまんで食べる。B療養院では、飯はおひつに、汁物は小さな鍋にいれた状態で、副食は皿に盛り付けて各テーブルに配膳する。それを各自がお玉やトングを使って飯器や汁器、取り皿に取り分けて食べる。

とくに肉料理やチャプチェ（韓国春雨と肉・野菜を炒め合わせた料理）など、主菜に位置づけられ、入所者の好む料理の場合には分配するさいの平等性が問題となる。誰かが多く取りすぎれば、誰かの取り分が少なくなり、いさかいが起こる。そのため、テーブルを囲むメンバーが、偏《かたよ》りなく皆平等に取り分けられるよう、シスターや職員が目を配る。

5　日常の食と特別な日の食

1 日常の食

施設では、あらかじめ一週間分の献立を立て、それにもとづいて食材を購入し、調理が行われた。献立作成において最も重視されるのが栄養である。献立は、韓国の伝統的な献立構成（主食、汁物、キムチ、副食）を基本に、五大栄養素（たんぱく質、脂質、糖質、ビタミン、ミネラル）が過不足なく摂取できて、しかも一日に必要なカロリーが満たされるように構成された。さらに、入所者たちが食べ飽きることのないように、A施設ではほぼ毎日、B療養院にいたっては毎食、異なる内容の献立になっていた。

献立には、栄養素やカロリーのみならず、季節感の感じられる時食（季節食）や年中行事にちなんだ節食（行事食）も取り入れられた。例えば、春の献立では、A施設ではヒメニラ、ナズナ、タンポポの葉、ヨモギなど春の山野草を使った料理が毎食のように食卓に上っている（表1）。B療養院で

表1　日常の献立例(2005年春)

	A施設(4月13日)	B療養院(4月1日)
朝食	白飯 ヤブカンゾウの味噌汁 ナムル(ホウレンソウ) 味つけ海苔 なめ味噌 白菜キムチ	雑穀飯 ダイコンのスープ 貝の塩辛 味つけ海苔 牛乳／乳酸菌飲料 白菜キムチ
昼食	白飯 ヨモギのスープ 豆腐の煮物 タンポポとヒメニラのあえもの なめ味噌 バナナ	雑穀飯 ヤブカンゾウの味噌汁 サワラの煮物 セリとダイコンのあえもの ナムル(緑豆モヤシ) 白菜キムチ トマト
夕食	雑穀飯 ナズナ入り味噌チゲ ヨモギのポムリ、三温糖 薬味醤油 白菜キムチ イチゴ	カキとダイコンの炊き込み飯 薬味醤油 卵とネギのスープ 白菜キムチ 餅

は、スーパーで購入できる種類に限られるが、ヤブカンゾウの味噌汁など春ならではの献立が食卓を飾った。

節食（行事食）としては、夏の三伏[7]には、参鶏湯（雛鳥の腹にモチ米、高麗人参、ナツメなどを詰め込んで煮たスープ）や補身湯（犬肉のスープ）など三伏ならではの献立、秋夕（旧暦八月一五日）にはソンピョン（松片）やサトイモ／ズイキ汁（表2）、旧暦の正月には雑煮や餃子のスープ、越冬用のキムチを漬けるキムヂャン[8]の日には、ゆでた豚肉のスライス、塩漬け

表2　行事食の献立例(秋夕：旧暦8月15日)

	A施設(2004年)	B療養院(2005年)
朝食	白飯 トラングッ(ズイキの汁) ナムル(大豆モヤシ・ワラビ) レンコンの煮物 煎(コンフリー・レンコン・タラ・朝鮮カボチャ) 薬味醬油 味つけ海苔 白菜キムチ ブドウ 梨 油果(韓国菓子)	白飯(新米) トラングッ(サトイモの汁) 煎(スケトウダラと朝鮮カボチャ) キキョウの根の炒め物 カキの塩辛 白菜キムチ スライスチーズ 牛乳または乳酸菌飲料
昼食	栗おこわ 鶏肉のスープ 煎(コンフリー) ナムル(大豆モヤシ) ネギキムチ リンゴ 甘酒	白飯(新米) 白菜の味噌汁 カルビの煮物 煎(緑豆) ナムル(ホウレンソウ) レタスサラダ 白菜キムチ 甘酒 梨 ソンピョン(松片)
夕食	白飯 ナムル(大豆モヤシ) 海苔のあえもの 水キムチ 黄桃	新米ご飯 煎(緑豆) イシモチの焼き物 キャベツサラダ レタスサラダ 緑豆のムッ(緑豆の澱粉を固めたもの) ナバッキムチ 梨 ソンピョン(松片)

白菜、キムチヤンニョム（ダイコンの千切りなどを唐辛子粉や塩辛などの調味料であえたもの）などが供された。

こうした季節ならではの食材を使った料理や節食（行事食）作りには、入所者たちが主体的にかかわることが多かった。例えば、A施設の場合、山野草は施設周辺の畑や野山で入所者たちがみずから採集してきたものである。この世代の人たちにとって春の摘み草は、若いころから生活サイクルのなかに組み込まれた歳時のひとつである。そのため、季節になるとシスターに頼まれたわけでもないのにみずから摘み草に出かけるのだ。採集された山野草は、ときには入所者たちが調理法を指示して、シスターが調理にあたることもしばしばであった。

秋夕のソンピョンや旧正月の雑煮に入れる餃子は、入所者たちがシスターや職員とともに手作りした。現在ではソンピョンは専門店で購入し、餃子は市販品ですませることも多くなったが、かつてはこれらの行事食は各家庭で手作りされていた。包み方や餡は、地方により家庭により異なり、作り方は母から娘へと伝えられるものであった。B療養院では、全員が参加するわけではないが、有志が食堂に集まり、「私の故郷ではこんな形だった」とか「我が家ではこんな餡だった」と談笑し、ときには若いシスターや職員に包み方を教えながら行事食作りを楽しんだ。

入所者の世代にとって、時食（季節食）や節食（行事食）作りは長年にわたり一年の家事サイクルに組み込まれてきたものである。それだけに、施設の献立にこれらの料理を取り入れ、食べ手である入所者自身を積極的にかかわらせることは、入所者たちがみずからの施設生活を社会、文化的脈絡のなかに位置づける助けとなっている。

2 特別な日の食

誕生日は誰にとっても特別な日であるが、とりわけ韓国では食を通じて年長者への恭敬の念があらわれる日である。また、施設においては入所者自身が主人公になるハレの日でもある。韓国では、父母や義父母の誕生日には子供たちがご馳走を用意し、父母らの友人たちを招待してお祝いする。かつて韓国では、女性は結婚すると実家に帰る機会は限られていたが、父母の誕生日や還暦には必ず実家を訪ねるものとされていた。それは、これらの日が、孝道の精神の実践の場だったからである（重松一九八二：二一八）。最近は父母の好みに合わせて外食をすることも多くなったが、韓国人にとって父母の誕生日とは、食をもって孝行をする日なのである。

韓国では、伝統的に誕生日に白飯とワカメ汁を食べるのが習わしである。施設でも、入所者の誕生日には、朝食に白飯とワカメ汁を供した。そうすることにより、誕生日を迎えた本人は、栄養士が自分の誕生日を覚えていてくれたと思い、喜ぶという。A施設は誕生日当日の昼食に、B療養院では入所者数が多いので、その月に誕生日を迎える入所者のために、毎月第三日曜日の昼食に誕生日会を開いていた。A施設では、肉料理や入所者の好むおこわを「福を包む」意味で海苔とともに供し、B療

表3　特別な日の献立例(誕生日)

	A施設(2004年7月31日)	B療養院(2004年9月19日)
昼食	おこわ (モチ米・グリーンピース・アズキ) ダイコンのあえもの 白菜キムチ 海苔 マクワウリ デコレーションケーキ	刺身丼(酢コチュヂャン) 海苔巻 日本式味噌汁 煎(ニラと朝鮮カボチャ) フルーツサラダ 浅漬けキムチ ソンピョン(松片) 熟柿 デコレーションケーキ

養院では、普段は高価なため献立に上らない刺身を使ったフェトッパプ（刺身丼）や手間暇のかかる海苔巻、魚や肉、野菜に卵の衣をまとわせ、油で焼いた煎《ヂョン》などのご馳走が供された（表3）。ケーキはデコレーションケーキの時もあれば、しとぎ餅で作った餅ケーキの時もあった。B療養院では主人公のために特別席を設け、そこに韓国の伝統衣装で正装し、胸に生花のコサージュをつけた入所者が着席する。誕生日を迎えた入所者らに対し、シスター、職員、他の入所者らがお祝いの歌を歌い、最後はシスターたちが大祥（クンヂョル）という最敬礼のお辞儀をしてお祝いの意を表する。

また、五月八日の父母の日にも、普段とは異なる特別な献立が用意された。A施設ではズワイガニやアヒルの焼き肉を食べに出かけ、B療養院では、五つ星ホテルのシェフによって構成されるボランティアグループが、ガーデンパーティを催した。各種前菜やプルコギなど肉料理、和食担当の料理人が目の前で握る寿司、餅菓子やプティフール（一口サイズのケーキ）など和洋中韓合わせて二五品が並んだ。この日、入所者たちは韓国の伝統衣装で正装し、シェフたちから赤いカーネーションをプレゼントされた。シェフやシスターのエスコートで料理を選び、青空のもと食事を楽しんだ。

6　食べ手による施設食の取り込み方

以上のような施設の食を、入所者たちは各々の社会、文化的背景にもとづいた方法で取り込む。以下では、食べるときの姿勢、食べ方、入所者が食事のさいに持ち込む自分専用の副食について、その取り込み方とそこに反映されているものについて考察する。

1 姿　勢

床面に膝や尻をつけて坐って食べる姿勢を「坐食」、イスに腰掛けて食べる姿勢を「腰かけ食」と表現すると、現在の韓国は、「坐食」と「腰かけ食」が混在している状態だといえる。オンドル（韓国式床暖房）の床にお膳または卓をおいて食べる場合には坐食の姿勢がとられ、ダイニングテーブルで食べる場合には、イスに坐る腰かけ食の姿勢になる。

韓国における食事の姿勢は、住居の変遷とともに変化してきた。朝鮮王朝時代以降はオンドルが一般化し、現在でも伝統家屋ではオンドルの床に卓をおいて坐食の姿勢で食べる。マンションやアパート住まいの場合は、ダイニングテーブルとイスで食べる腰かけ食が多く、大勢で食卓を囲む場合は、床に卓を置いて坐食する（石毛二〇〇五：一〇五―一〇六）。坐食の場合、男性はあぐらをかき、女性は横坐りか片方の膝を立てて坐ることが多い。正式な席でも日本のような正坐はしない。

両施設は、イスとダイニングテーブルによる腰かけ食であった。多くの入所者は、イスの坐面に臀部をのせて坐る。しかし、なかにはイスの坐面に臀部をのせてから片方の膝を立てて坐る人たちもいた。つまり、イスの坐面で坐食の姿勢をとるのである。

こうした坐り方をするのは概して入所して日が浅く、腰かけ食のスタイルに慣れていないか、もしくはこの坐り方のほうが腰かけ姿勢よりも楽だからである。イス面で坐食する入所者たちはいずれも、施設に入る前の生活では日常的にオンドルで坐食するスタイルであった。つまり、この人たちは、施設の腰かけ食のスタイルの上に、入所前の慣れ親しんだ坐食の姿勢を重ねていたということである。

施設では、食事は腰かけ食であったが、間食は坐食することが多かった。A施設の場合、食堂の床に菓子や果物をのせた大きめのトレイをおいて、入所者たちはトレイを囲むように坐る。そして、皆そろって片膝を立てて坐り、間食を食べる。B施設の場合は、ソファーとローテーブルのある共用スペースで食べるが、ソファーに坐って食べる人よりも床に坐って食べる人のほうが圧倒的に多かった。自室でくつろぐさいにも片膝を立てて坐っていることからして、入所者たちにとってはイスに腰掛けるよりも床に坐る姿勢のほうが楽なのであろう。

2 食べ方

韓国の食礼では、飯と汁物、水キムチの漬け汁は匙で、副食は箸で食べる。器は膳やテーブルに置いたまま食べなければならず、器を手に持って食べることは無作法とされる。

飯と汁は別々に食べてもよいし、汁に飯を入れて食べてもよい。一般に飯器は汁器よりも小さいので、飯と汁物を合わせて食べようとする場合、日本のように飯に汁をかけるのではなく汁器に飯を移して食べる。

姜仁姫と李慶馥は、汁に飯を入れて食べることを「主食と副食の調和で、その一体化ともいうことができる」と述べている（姜仁姫・李慶馥一九八四）。「主食と副食の調和、一体化」は、韓国食文化の特徴の一つであるといえる。韓国人は、混ぜ合わせた複合的な味を好むといわれる。日本人が別々に食べたほうがおいしいと感じる料理も、韓国人はしっかりと混ぜ合わせて味を一体化させて食べるのだ。

入所者たちの食べ方は、十人十色といってよい。同じメニューであっても、飯と汁、副食を別々に食べる人もいれば、汁に飯を入れてクッパのようにする人もいる。また、飯に副食を混ぜてビビンバのようにして食べる人、さらには、汁に飯と副食を全部入れて混ぜて食べる人もいた。

この、混ぜて食べる、汁に飯を入れて食べるという食べ方は、ビビンバやクッパを例にとるまでもなく、現在の韓国ではよくみかける食べ方である。しかし、調査を進めていくうちに、食べ方には各自の入所前からの食習慣、社会階層や家庭における立場の違いが映し出されていることが明らかになった。

例えば、汁に飯を入れたり、飯に副食を混ぜて食べたりすることが多かった人は入所前は農家の嫁であった。舅姑など年長者から順に食事を供し、嫁の自分は最後に急いで食事をすませなければならなかった。汁に飯を入れたり、飯に副食を混ぜたりして食べる食べ方は、素早く食事をすませるには好都合の食べ方であった。その習慣が、いつしか好みの食べ方になったという。一方、上流階級である両班出身者は、生まれ育った家庭においてそのような食べ方をしたことがなく、入所した当初は他の入所者が飯と副食を混ぜたり、汁に飯や副食を混ぜて食べるのをみて、気持ちが悪かったと述べている。彼女は、カレーライスでさえ飯とカレーソースを混ぜて食べることはなかった。姜仁姫・李慶馥は、汁や水に飯を入れて食べるのを好むのは多くの場合女性であり、それは家庭における女性の食事の仕方と関連があるとみている。つまり、汁や水に飯を入れれば副食が少なくてすむからであるという。また、上品な席では汁に飯を入れるのは礼儀に反するとも述べている（姜仁姫・李慶馥一九八四：七六-八〇、八九-九〇）。

３「私のおかず」

A施設・B療養院ではともに、朝昼晩の食事のさい、一部の入所者は施設側が供する料理のほかに自分専用の副食を持ち込んで食べていた。密閉容器に自分の名前を書いたラベルを貼り、厨房や食堂の冷蔵庫に保管しておいて、食事のたびに取りだして傍《かたわ》らにおいて食べるのだ。なかには自室で保管し、食事時にポケットに忍ばせて持ち込む人もいた。この個人的に持ち込む副食を入所者たちは「私のおかず」と呼び、誰かと分けて食べるのではなく、あくまでも自分専用の副食として食していた。

食事時に持ち込まれた「私のおかず」の内容は、醬《ひしお》類（なめ味噌・薬味醬油・コチュヂャンなど）が最も多く、次いで塩辛、キムチ、チャンアチ（野菜の味噌漬け・醬油漬け）、マルンパンチャン（乾き物の副食）、ミッパンチャン（保存性の高い常備菜）の順であった。ほかにも、うま味調味料を小さな容器に移し替えて持ち込み、汁物に入れて味を調整したり、散歩の途中で採集したタンポポの葉をもってきて、飯を包んで食べたりする人もいた。

これらの副食は、主にみずから在来市場で購入したり、献立として供される副食をシスターや調理師に頼んで、別途取り分けておいてもらったりして調達していた。また、酢醬油やなめ味噌の場合は、酢と醬油、味噌とコチュヂャン、ごま油などを購入し自室で調合して作ることもあったし、塩辛などは離れて暮らす家族から送られてくることもあった。

施設では、栄養バランスがとれていてカロリー計算もなされた食事が、毎日あるいは毎食変化をつけて供されている。にもかかわらず、「私のおかず」を持ち込むのはどのような理由からであろうか。ある入所者は、「私のおかずは非常用」だと述べている。つまり、献立のなかに好みのおかずがない場合や、副食の数が少ないときに食べる副食という意味である。また、ある人は、「私のおかずがひとつでもあると、施設の食事が『私の食卓』になる」とも述べている。入所にあたり、彼女たちは身辺整理をして身の回りのわずかな品だけを携えてやってくる。施設生活では、食具も食器も自分のものではなく、すべてが共同で用いるものである。そのような生活のなかで、「私のおかず」は数少ない自己所有物であり、自分の嗜好を満たすとともに、大勢の入所者のために作られた施設の食卓を「私の食卓」に変換することができる装置なのである。(9)

7　自律的な食

施設で供される一日三食の食事と間食のほかに、入所者みずから用意して食べる食もある。それは、自室での飲食物、同じ生活空間に暮らす気のおけない仲間と共同購入する飲食物である。

調査当時、どちらの施設も入所者たちは一～三人の個室で生活していた。自室では腐る心配のない飲食物であれば、自由に買って食べることが認められていた。自室で食べられていたのは、主にキャンディーや菓子・インスタントコーヒーであった。平均年齢八六歳の入所者たちはコーヒーの愛飲者が多く、在来市場で好みの銘柄のインスタントコーヒーを買っておいて、食後や自由時間によく飲んでいた。このほか、変わった飲食物としては、アメリカ製のピーナッツバターを保管しておいて食べる人もいた。若いころアメリカ人神父の賄《まかな》いの仕事をしていて味を覚えて好きになり、小腹《こばら》がすいたときに匙ですくって食べるということであった。

こうした自室での飲食物は、基本的には本人がひとりで消費することを目的に購入されるが、ときには同室の人や親しい間柄の友人と分かち合うこともあった。

B療養院には、入所者たち共用のスペースがあった。そこにはミニキッチンと小さな冷凍冷蔵庫、大きめのダイニングテーブル、テレビがあり、入所者たちは自由に集まってテレビを観たり、おしゃべりを楽しんだりする。

入所者たちは数人がお金を出し合って、好みの飲食物を在来市場の商店に注文して配達してもらい、共用スペースの冷蔵庫などに保管しておいて、食べたいときに食べたいだけ食べることにしていた。そして、共用スペースに集まり、おしゃべりしながら飲食を楽しむのである。共同購入する飲食物は、主にジュース・果物・ダイコン・ニンジンなどであった。ダイコンやニンジンは、皮をむいて一口大のそぎ切りにして生のまま食べる。こうした野菜を果物のように食べる食べ方は、韓国ではそれほど珍しくなく、市場などでは八百屋の女主人がおやつがわりに生ダイコンを食べる姿をよくみかける。特に冬場のダイコンは果物に負けるとも劣らない甘さがあり、入所者たちは食後のデザートとして好んで食べた。しかしながら、ダイコンやニンジンを生のまま食べる習慣は、現在の若者の間にはみられない。ダイコンやニンジン以上に甘みのある菓子や果物がふんだんにあるからである。こうした食習慣は、現在のような甘い菓子や果物が豊富になかった時代に、ダイコンの甘さを「うまい」と感じて食べてきた入所者世代特有のものであるといってよい。

これらの食物は、施設では献立や間食として供されることはない。そもそも栄養士が献立を作成するさいに利用しているカロリー計算サイトには、生ダイコンを果物のように食べる場合のカロリーは掲載されていない。だからこそ、嗜好を同じくする同世代の入所者たちは、わざわざ共同購入して分かち合って共に食べるのである。さらにいえば、こうした自律的な食の場では、食事時には交《か》わされることのないような世間話や昔話に花が咲き、なごやかな談笑が繰り広げられるのである。

おわりに

以上をまとめると、ふたつの高齢者福祉施設では、食事は一定の専門性を有する作り手によって、栄養バランスや摂取カロリー、衛生面を考慮し、さらには無駄を省いて予算内に収めるなど経済合理的に作られていた。献立を作成するさいには、韓国の伝統的な献立構成にもとづき、かつ変化に富んだ内容にして食べ手が日々の食事を楽しめるよう工夫をしていた。さらには季節食や行事食も取り入れ、それらの食事作りに入所者を参加させることで、食べ手が食を通してみずからの生活を暦のなかに位置づけられるように配慮していた。

こうして供される施設の食は、入所者たちにとって第一にその生命維持・健康維持に役立つものであった。また、献立が毎食もしくは毎日変わる食事の時間は、単調な施設生活のなかで確実に変化がもたらされる、入所者にとって楽しみな時間でもあった。

そうした施設の食を入所者たちは入所前からの慣れ親しんだ姿勢や食べ方、「私のおかず」をもって各自の社会、文化的脈絡のなかに引き込み、入所者自身がいうところの「私の食卓」を整える。それは食べ手が、施設の食を食べ慣れた自分の食卓に読みかえることであり、そうすることで、食べ手は安心感と精神的満足感を得ていたといえる。

しかしながら一方で、入所者たちは施設が提供する食事や間食のほかに、みずからの意思で選び購入した食べ物を、ときには自分ひとりでときには親しい間柄の仲間と分かち合って食べている。決まった時間に決まった場所で決まった献立を、食卓を囲むメンバーと分け合う量を考えながら食べなければならない施設食に対して、これらの食は、いつどこで誰とどれだけ食べるかを自分で決められる、自律的な食だといえる。施設の食が、入所者にとって受身の食とすれば、この自律的な食は入所者自身が主体的にかかわる食である。

施設での集団生活は、規則にしばられ、ときには人間関係に緊張感を強いる。入所者たちにとり、自律的な食は施設生活の緊張感をやわらげるとともに解放感をもたらすものである。自律的な食は、栄養学的にバランスがとれていて衛生的に作られた施設の食事の対極にあり、施設の食と相補うような働きを持つものであるといえる。

（1）高齢化社会（高齢者人口七%以上）から高齢社会（高齢者人口一四%以上）への移行にかかった年数は、日本が二四年、アメリカが七三年であるのに対し、韓国は一八年と予測されている（保健福祉部二〇一〇）。

（2）官僚を輩出することのできる、最上級身分の支配階級。

（3）一二楪飯床は宮中のみで許されており、民間では九楪飯床までしか許されなかった。

（4）キムチの数は、三楪飯床では一種類、五・七楪飯床では二種類、九・一二楪飯床では三種類が供される。

（5）朝鮮半島北部、現在の北朝鮮にあたる地域では、餃子を入れたスープを食べるのが一般的である。

（6）松餅ともいう。

（7）夏至から数えて三番目の庚《かのえ》の日を初伏、四番目の日を中伏、立秋後最初の庚の日を末伏と言い、これらを合わせて三伏という。三伏の時期は太陽暦の七～八月にあたり、最も暑さの厳しい時期である。日本で、土用の丑の日に夏バテ防止のためにうなぎを食べるように、韓国ではこの時期に参鶏湯や犬肉のスープなどを食べる習慣がある。

（8）キムヂャンとは、越冬用のキムチを大量に漬け込む行事のことである。現在のように、年中新鮮な野菜が手に入るわけではなかった時代には、キムチは冬の間の大切な食料であり、キムヂャンは、味噌や醤油の仕込みと並んで家庭における重要な年中行事の一つであった。キムヂャンの日の食事としては、キムチの材料である塩漬け白菜、キムチヤンニョムのほか、ゆでた豚肉にアミエビの塩辛を添えたものが一般的な献立である。

（9）韓国では一般に「私の」を意味する「ネ(내)」よりも「私たちの」を意味する「ウリ(우리)」を用いる。例えば、日本語では「私の父」「私の家族」と表現するが、韓国では「ウリ　アボヂ(우리 아버지、私たち

の父）」「ウリ　カヂョク（우리 가족、私たちの家族）」と言いあらわす。「私の」をあらわす「ネ（냇）」を用いるのは、特にモノなどが個人に帰属することを強調するさいに用いられる。その意味では、入所者が用いた「私のおかず（냇 반찬）」「私の食卓（냇 식탁）」という表現は、おかずや食卓が私個人のものであることを意味すると考えることができる。

〔参考文献〕

石毛直道　一九九九「栄養の思想」『講座食の文化　第六巻　食の思想と行動』石毛直道（編）、一九一～二〇五頁（財団法人味の素食の文化センター）
二〇〇五『食卓文明論』一〇五～一〇六頁（中央公論新社）
伊藤亜人　一九九九「珍島における農村生活とその変化」『変貌する韓国』嶋陸奥彦・朝倉敏夫（編）、三九～八五頁（第一書房）
重松真由美　一九八二「韓国の女」『女の文化人類学』綾部恒雄（編）、一九七～二二三頁（弘文堂）
黄慧性・石毛直道　二〇〇五『新版　韓国の食』（平凡社）
守屋亜記子　二〇〇九『韓国における老人の食――老人福祉施設を中心に――』（総合研究大学院大学文化科学研究科博士論文）
姜仁姫・李慶馥　一八八四『韓国食生活風俗』（三英社）
保健福祉家族部　二〇〇九『二〇〇八保健福祉家族白書』（保健福祉家族部）
保健福祉部　二〇一〇『二〇〇九保健福祉白書』（保健福祉部）

李　盛　雨　一九八四　『韓国食品文化史』（教文社）

Kyung Ja Cho, Dong Hee Han　1998　Study on Food Habits of the Elderly in Institution. *Journal of the Korean Society of Food Science and Nutrition*. 27(4):756-764.

Sook Ja Ahn, Soon Ah Kang　1999　A Study on the Food Habits and Dietary Behaviors among the Korean Elderly. *Korean Journal of Food and Cookery Science* 15(1):81-94.

Yaung Ja Park, Seung Gyo Lie　1996　The Comparison of Nutrients intake and Dietary Environment between Rural and Asylum Elderly in partial area of Kyunggi. *The Korean journal of community living science* 7(1):39-50.

鼻で食べることと目で食べること（1）

シンシア・ネリ・ザヤス

1　鼻で食べる人々と目で食べる人々

現代では、消費者が食べ物の産地をもはや知ることもないし、また知りたいとも思わなくなった。事実、私たちの多くの食品は作りかえられた環境や人の手で環境を変えることでできている。たとえば数あるなかでも大規模栽培や果樹園、温室栽培、家畜、牧場、水産養殖などである。もし本当にそれらの食品がそのようなところからきたとしたら、私たちの食にまつわる環境をどのように説明すれば良いのだろうか。筆者がこの点に着目したのは、フェルナンデス（二〇〇三年）が指摘した『環境を取り込む食（*Eating is the act of ingesting the environment*）』からである。このように、私たちが食べている食品はその文化（植物に関する知識や動植物のドメスティケーションなど）の影響を受けている。筆者は日本とフィリピンの間によく似た状態があると推測している。

筆者は、食べ物の産地のタイプから逸脱し、その代わりに、私たちの食習慣を発達させてきた私たちの環境がどのように関係したかという、もっと簡単で基本的なことを分析した。筆者は山菜のことについて書きたいと思う。なぜなら、その独特な料理文化を理解できる、たしかな方法であるからである。例えば、自然を利用している人々の世界に目を向けることである。筆者は、人々が文化的な食習慣の存在を明らかにする過去の遺産をまだ発見することができることを信じている。筆者はこのエッセイで、特定の文化においては本能的な視覚や嗅覚などの感覚が、なぜ食べることに関連するのか証明したいと思う。

現在の世界では、大自然が多くの人々の食物に決して役立っているものではない。しかしながら例外もある。たとえば、日本の人々は春になると、野草を摘《つ》むことを好む。フィリピンの中央ルソン部ピナツボ山にすむアエタという先住民は、彼らの環境に関する深い知識を持っている。彼らは、古代の記憶をもつ人類として、野生のイノシシや鳥を非常に大切にしてきた時期があった。なぜそのようにしたのか。筆者は、そのような食べ物を切に求める原始の遺伝子がまだ彼らにあると推測している。まるで、そこにもどるように臭覚や視覚に誘惑されているかのようである。この点で、筆者は日本人やフィリピン人がどのように山野の自然を利用するのかということについて、食との相対的な表現を用いて論じたい。筆者は、視覚と臭覚を使って、どのように日本人とフィリピン人それぞれが食欲をそそられるのかを明らかにしてみよう。筆者は、日本人の「目で食べる」、またフィリピン人の「確かめるために食物の匂いをかいでから食べる」という二つの独特の習慣を援用して説明していきたいと思う。

2　見る習慣と香りを嗅ぐ習慣

日本人とフィリピン人は主食としてお米を食べる。しかしそれぞれ、料理への感情のあらわし方、習慣が異なる。日本人は炊きたてのご飯の香りを、フィリピン人も同じように、楽しむ。しかし、日本人は一般的に香りによって米を選ばず、ササニシキやコシヒカリといったブランドで米を選ぶ。最近は、米の品質表示が義務づけられているため、袋に何年の収穫、精米、品種などが書かれているので、手に取って日本人が香りを嗅いで買うことはなくなった。また、スーパーマーケットでは袋に詰めて売っているため、そのような習慣がなくなったのかもしれない。フィリピン人は、米を買う際、選ぶ前にその品質を調べるため、米の匂いを嗅ぐ。米の匂いを基本にフィリピン人は買う米を選ぶ。

一般的に、フィリピン人は定期的にマーケットに行く人は米の種類を見分けることができる。たとえ、値札に米の銘柄が書かれていないとしても、その米が高地産、低地産、湿地産、古米、新米であるか見分けることができる。基本的に〝良い匂い〟(mabango) が最も良いものであり、〝いやな匂い〟(maanta)、言い換えれば古い米の匂いは、まったく食欲をそそらない。フィリピンや他の東南アジアの国々では甘い香りのする米を好む。それゆえに東南アジアの私たちは、芳香があるために、例えばジャスミン米のようなタイ米を大切な物として扱う。この香りは、アダンやしぼったパイナップルのような香りを放つ収穫前の黄金色の稲穂が風に吹かれる頃、私たちに収穫の時期を思い出させる。これは私たちのおいしい物を求めようとする食欲への合図である。事実、私たちは、食欲をそそるためにご飯を料理するときは、パンダンの葉を入れる。すべての人が知っているようにすべてのお米ではなく、特に古いお米が、パンダンの葉とともに料理することで私たちの胃にそのように働きかけるのである。たぶん、東南アジアでは私たちすべてが熱帯気候に住んでいるので、このような特質があるのであろう。

温暖な地帯にいる日本人と、香りのある米を好む私たちとは、好みを分かち合うことができない。事実、日本が初めてタイから米を輸入するまで、他の国から米を輸入したことがなかった。人々は、一般的に、米に香りがあるため、タイ米をありがたいとは思わなかった。多分、食物が美味しいか、まずいかという判断を人の鼻がするのは、フィリピンの固有の特性であり、それは人々が生まれ育った狭い環境の文化を物語っているのではないかと思われる(2)。

3　自然のにおいを嗅ぐ

六〇年以上も前に、文化人類学者のロバート・フォックスがピナツボ山のアエタ族は完全に彼らの自然環境の一部であると観察して気づいた。ピナツボの森は、精神的な幸福を運んでくれる最高の存

写真1　ピナツボ山での竹蒸し料理(2010年2月27日)
左：カエルの竹蒸し料理　中：川エビの竹蒸し料理　右：川ウナギの竹蒸し料理

在であるアポ・ナマルヤリ（Apo Namalyari：山の神の名）を含む無数の精霊が食物の安全、安定した生息地を保障していた。それは完全なる秩序であって、それゆえに、低地の人々とのコンタクトは、医療などにかなり限定されていた。しかしながら、一九九一年以降、眠っていた火山の噴火によって、植物の痕跡は消え、アエタの人々は食事、着るもの、住まい、医療製品や医療業務において低地の人々に依存するようになった。

筆者のアエタ族の現地調査から、彼らの日常生活はピナツボ山とどのようにつながっているのかを学んだ。鋭い匂いの感覚を持つ彼らは、近くにいる野生のイノシシや他の野生動物の存在を嗅ぎわける先天的な能力を持っている。伝統的な料理では、食べ物は炭の上で竹の皮に包んで蒸し、焼かれたりする。彼らはもちろん香りのする植物を皿に使う。野生植物を使う蒸し物の作り方もたくさんある。写真1の三皿は、二〇一〇年の調査の際、筆者のために準備してくれたものである。

魚料理には、魚臭さを消すためと食べ物のおいしさを増進するために、酸っぱい味のする葉を使って味付けされる。可能ならば生姜も加えられる。ピナツボ山の噴火から一年後、筆者とゼミ学生はマニラの中心から七〇キロメートルほど離れたパンパンガ州のアエタ族の避難所を訪ねた。そこで、筆者たちは、アエタ族が可能な限り早く元の生活にもどり、家に帰ろうとして、何か生きて、成長しているものを探すために山の斜面をのぼっているのをみた。筆者たちは植物が再生し始めているという情報をもらった。二〇年後、筆者はアエタ族が避難所に閉じ込められるように住んでいるのを知った。ある男性と女性は、精神的なストレスを患っていた。事実、男性は彼の周りの人に危害を加えるなど、大変な暴力や攻撃を繰り返したという。彼は、野生の動物や、山の斜面にある植物を食べられないのなら死んでしまうから、山に帰りたいと叫んだ。避難所には、罐詰のイワシ、コンビーフ、即席ラーメン、インスタント食品など加工された豊富な食物が提供されていたにもかかわらず。山の人々には不可欠な食品である新鮮な野菜や根菜はもはやそこにはなかったのである。

4　野生を飼いならす

日本の野草は、普通の野菜よりきつい香りと風味を持つ。そのため、それらの調理の下ごしらえにいろいろなことが施される。たとえば、タラの木の芽を春に摘んできたら、その強い苦みを消すために天ぷらにする。この方法で、強い香りが天ぷらの衣につつまれ、熱い油で苦みが弱まる。他には、ゼンマイ、これは日本のすばらしいシダ類である。その下ごしらえは、沸騰《ふっとう》した湯のなかで茹《ゆ》で、そして水気をしぼり、太陽の下で干す。そしてそれを貯蔵して取っておくことができる。調理するときに、それをもどし、醬油を加えて煮詰める。

山菜や野草は、遠い昔より採集されてきた。山菜摘み、特に春には、田舎の山村地域の日本人の伝統的な行動の一つである。事実、古代から山菜摘みは、特に食物の供給が不足・欠乏している時期に、必要な栄養を補充するのを助けるために奨励されていた。光孝天皇が后のために詠んだ歌から、私たちは、野草摘みのなかに象徴される、彼の深い感情に気づくことができる。

君がため
春の野に出でて
若菜つむ
わが衣手《ころもで》に
雪は降りつつ（『古今集』春―二一）

現在の山野草の繁殖について、都市に住む人々が食物の産地に安全と健全さを求めれば求めるほど、田舎での活性化が進められてきた。先に述べたように山野草は、栽培された野菜よりも、強い味と香りがある。結果として、採集民は、しばしばそれらを摘むときに、その強く、食欲をそそる味と苦《にが》みなど、香りと味を味わってきた。日本人は、どちらかといえば、弱い味と香りを好むように思われる。筆者の感覚のなかで、ここがフィリピン人と日本人が異なる点である。

5　大自然を食べることと大自然を再体験すること

大自然のなかで、実にうまく利用されている戦略がある。以上の例から、私たちは、酸味を加えたり、香りの葉を加えることなどを学んだ。そして、それぞれの野生の食物をよく揚げること、煮ること、干すことは、野生食物の持つ、良くない香りや、苦い味を取り去るのが、人々がとる方法である。しかしフィリピン人と日本人は、自然の味と香りの点で自然環境に関する考え方が異なる。また、フィリピン人と日本人はテーブルに食物を出す方法も違う。

フィリピン人は大量に食事を提供するのが好きである。料理を盛った皿が、しばしばテーブルの縁からあふれる。食事する人が必要な量や、食べつくすことが可能な量よりも、いつももっと多くの食物がならべられる。祝宴のさいには、いつも、日常より二倍、三倍もの多くの食物が準備される。お客には、贈り物として家に持って帰る食べ物が与えられるからである。包装されて、持ち帰り用にされた食べ物は、祝宴にきて、彼らが食べきれなかった食べ物を意味する。一方、日本人の食卓は、食事に参加する一人一人に、自然のなかの風景のように、準備され、提供される。

日本食の現状の大切な部分を明らかにしたアリソン（一九九一年）の分析によると、表象的な三つの体系が示されている。(1)極めて小さい分類と分散——その意味は、食物は、一口ほどをお盆の上の小さなお皿に別々に出される。(2)対比と対照——例えば、桃色と緑、なめらかなものと粗《あら》いもの、丸い皿にうず高く盛ったり、半透明のお菓子をどっしりとした大きな鉢に入れて出すなどを対比させている。(3)強調――実際の自然よりもむしろ目で見て感じることができる自然。つまり、「自然が敬愛する刺激を創り出すものではなく、むしろ人間が自然が創り出したものを創造してきた」のである。

アリソンは、続けてこのように述べている。日本人は食物が自然にみえるように二つの方法を使う。つまり、自然の暗示と借用である。例えば、秋には紅葉の葉を料理に添えるように、自然を人為的に作ることで、日本人は自然を食物に取り込んできた。そして、そうするなかで、究極の順化の感覚を堪能してきた。リッチーは食事の提供の仕方をみることが、その原点であることから、借景の考え方について言及していないが、筆者は確かに彼と同じ意見である。

6 結語：内なる自然と外なる自然――フィリピンの食と日本の食との関係――

食事の準備と提供の視点から自然に対してフィリピン人と日本人がどのようにかかわってきたかを検討してみて、フィリピン人は感覚のなかで自然から食物自体を切り離して考えていないという結論に筆者は達した。というのは、フィリピン人が料理の器や材料を変形させる特別な方法はなく、料理用器の竹、そして猟銃などの匂いや、野生の味を消すための食欲をそそる香りを添える木の葉やハーブを使うからである。

しかしながら、自然を人為的なものにして取り込んできた、日本人の感覚から判断すると、日本人は自然の外側にいるけれども、自然を取り込んで、風景を食品皿やお盆の上に表現してきたと解釈できる。もし大皿や盆、テーブルを庭とするならば、食事を出す型は、まさに庭の構想のなかに周りの風景を使うという、借景と同じ工夫をこらしている。

フィリピン人は自然とともに生きていて、周りの環境に安らぎを感じるのは、鼻が先であり、最初に匂いを嗅いで食べる。一方、日本人は自然を支配し、食べ物への興味は、最初の料理の見た目が大切なのであって、食事を出すときには自然を模倣したものを作っている。日本人とフィリピン人の食べ物に引きつけられる方法の違いを知ることで、私たちは、まずもって鼻や目を用いて食べ——むしろそれは食べることの始まりにすぎない——、それから口で食べるのである。いずれにせよ英語のことわざにもあるように、「プリンの味は食べてみなければわからない——論より証拠」ということである。

〔付記〕本エッセイの作成にあたり、V・フェルナンデス教授の協力と中川由美子氏による英文和訳に深謝いたします。なお、内容に関する責任の所在はすべて私にあります。

（1） This essay was made possible from the invitation of Professors — Kumakura and Professor Takefumi Yoneya of the Shizuoka University of Art and Culture, during a workshop at Fujinomiya City in September

2011. I would also want to acknowledge the editorial assistance of Professor V. Hernandez and most specially the initial translation from English to Japanese by Ms Yumiko Nakagawa. Any errors or opinions arising from this paper however are not reflecting their views but mine alone.

(2) I gathered this information from my cconversations with Takushi Ohno, an old friend and senpai at the University of the Philippines. Formerly a Bureau Chief of Asahi Shinbun in many developing countries including those in Southeast Asia, Mr. Ohno presently lectures on Philippine Studies in two universities in Tokyo, Japan.

References

Anne Allison. 1991. Japanese mothers and obento- the lunch boxes as ideological state apparatus-. Anthropological Quarterly 64(4):195–208.

Doreen G. Fernandez. 2003. Culture Ingested: Notes on the indigenization of Philippine Food. Gastronomica. Winter. pp. 61–71 http://www.nyu.edu/classes/bkg/web/fernandez.pdf

Robert Fox. 1952. The Pinatubo Negrito — Their Useful Plants and Material Culture. The Philippine Journal of Science 81(3–4):173–414.

Naomichi Ishige. 1981. "What is Dietary Culture?" Aji communications, No. 9,. March — April 1981, pp. 1–5.

NHK World. 2012. Begin Japanology — Wild vegetables.

Cynthia Neri Zayas. 2011. Life after the Mt. Pinatubo Eruptions: Surviving adaptive strategies of the Pinatubo

Aytas. Panel: The impact of forest exploitation on the bio-cultural and public health problems. Paper read during the International Union of Anthropology and Ethnological Sciences (IUAES), Univ. of Western Australia. Manuscript.

国民食になった餃子——受容と発展をめぐって——(1)

草野美保

はじめに

古来、日本は中国から、食文化の面でもさまざまな影響を受けてきた。たとえば、野菜をはじめとする食材や食品・飲料。調理や加工技術、冠婚葬祭や年中行事などの食習慣、マナー、食器や食具、そして食に関する思想などがあげられよう。

再伝来の後にようやく受容されたもの、名称は同じながら、まったく違うかたちに姿を変えるなど、日本で独自の発展を遂げたものもある。むろん、定着することなくひっそりと姿を消したものも少なくないと推測される。

外来の食受容には受容・選択・変容・融合の四段階があり、そこには嗜好《しこう》のみならず外来文化への憧憬《しょうけい》といった価値観のもとに受容の行動がとられるが(熊倉一九九九)、中国由来のものについては、しばしば具体的な食品——たとえば茶・菓子・麺類・大豆食品・発酵食品など——が、そのルーツや文化圏とともにとりあげられてきた。

田中静一氏が「ふつう外来の食物の普及パターンは、まず大都会に始まり何年もかけて全国に広まるのであるが、餃子のように二、三年で日本化したのは珍しいことである」(田中一九九九)と述べているように、定着の期間もさることながら、もとは中国北方を中心とした庶民的な食べものであった餃子を日本に橋渡ししたのは上流階級でも、華僑でもなく、いわゆる一般の日本人たちであり、これがいわば平行移動的に、大衆的な食べものとして日本全国へと広まり、今日「国民食」としての地位を獲得するにいたったことを考えると、外来の食品・料理の中では異色の存在といえるであろう。

日本における餃子の受容や普及についての先行研究として、田中静一氏の論考(田中一九八七・一九九九)が挙げられるが、それ以外に餃子がなんらかのテーマでとりあげられるとすれば、グルメ的な内容や、神田・神保町といった特定の町の歴史的な記述の中で餃子が提供された老舗店の紹介にすぎない。それは日本における餃子の伝来や普及が、日中の食の交流の長い歴史の中では比較的新しい段階に属し、つい数十年前まで直接的に関与してきた、いわば生き証人がいたことからも、自明のこととしてそれ以上深く捉えられることがなかったからではないかと推測される。

餃子は、旧満州から引き揚げてきた日本人によって、戦後広められた——という定説に間違いはないが、本稿では、もう少し資料を丹念にみていくことで、外来の食が融合されていくひとつの過程を明らかにし、さらに近年の日本国内での餃子をめぐる動向、そして海外での日本食ブームにおける受容の可能性を考察してみたい。

1　日本への餃子の伝来

[1]江戸時代の史料にみる餃子

餃子という言葉がみられる江戸時代の文献はいくつかあるが、その一つに『朱舜水談綺』（一七〇八）がある。これは明末の儒者朱舜水（一六〇〇〜八二）の著述を弟子であった彰考館員安積澹泊が中心となって編集した著である。饅頭や索麪《さくめん》・月餅《げっぺい》といった点心類の中に「餃子　唐音ニキヤウツウ一名包子俗ニ採官繭[2]ト云　麪粉ニ油ヲ加テ造リ中ヘ色々ノ餡ヲ入蒸タル物ナリ」と書かれている。

『卓子調烹方』（一七七八＝安永七年）には、餃子の記載が次の三か所みられる。

餃子　麦ノ粉ニ肉《ブタ》ヲ包ミ油ニテアクル（小麦粉に豚肉を包んで油で揚げる）

餃子　麦粉　具ヲ包胡麻油ニテ煎ルナリ　ナリカツカウハ色々見合造ル（小麦粉に具を包んで胡麻油で焼く。形・格好は色々適当に造る）

餃子　麦の粉をこね　あんハぶたを細かくたゝき椎たけ木くらげせん切りに致し　ざく一もじを入れ　勢いろうにてむし盛出す　尤ぶたこれなく節は魚類にてもよろし（小麦粉をこねて、餡は豚を細かくたたき、椎たけ、きくらげをせん切りにし、ざく切りの葱を入れて蒸籠《せいろう》で蒸し、盛り

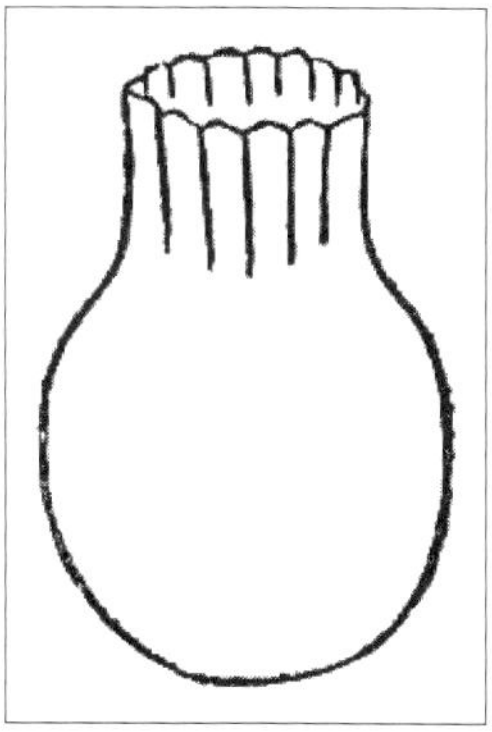

図1　『清俗紀聞』に掲載されている餃子

付けて出す。もっとも豚肉がなければ魚類でもよい）

『清俗紀聞』は中川忠英が長崎奉行の在任中（寛政七〜八年）、崎陽《ながさき》に来ていた江南浙江の商人たちに清国の風俗を尋ね、まとめた書物であるが、ここには焼売《しゅうまい》のような餃子の挿絵（図1）とともに次の説明がみられる。

餃子《カウツイン》　麦粉を水にてかたく搯《こ》ね、棒にて薄くのべ、径《わたり》三寸ほどずつに丸く取りて、内に猪肉《ちよにく》を糸作りにして、椎茸、葱《ひともじ》を細かく切りまぜ、右の皮に包み蒸籠《チンロン》（せいろう）にて蒸し用ゆ。

『新編異国料理』（一八六一＝文久元年）には、

餃子　麦粉を水にてかたくこね、棒にて薄くのべ、経《わた》り三寸ほどづつに丸く取て、肉に猪肉《ぶたにく》を糸作りにして、椎茸、葱を細く切まぜ、右の皮にて包み蒸籠にて蒸用ゆる

と書かれている。

また餃子という名称ではないが、『卓子式』（一七八四＝天明四年）には、

扁食《へいしん》　ろんへい（餡にする肉の蜜煮）の餡を包んでさっと蒸す。皮は麦粉に油を少し入れ、水でこね、年棒でのばし、餡を置く。大はまぐりの形に切って蒸す。折り編み笠のようになり、端を切る時、銭車というものを用いる。

と書かれている。さらに『普茶料理仕様』（一七七二＝明和九年）には、

片食《へんしい》　大根　椎茸　栗子　麵筋　牛房　豆腐　青菜　子は菜包に同し是も小麦の粉を餛飩の厚さにうち一寸六七分四方に切其上に子を置　是を角とりにつゝみ　△にしてとめ口はまた指に水をつけて撫で醬油にて煮なり

とある。この扁食（片食）とは、明・清代の餃子の名称で、現在でも中国山東省や河南省の方言として使われている。

以上のように江戸時代の餃子やそれに類する食品の記述は少なく、実際に作って食べていたというよりは、紹介程度にとどまっていたであろうことが推測される。

2 明治～戦前の資料にみる餃子

ここで参考に用いた資料は、味の素食の文化センターの貴重書コレクション（近代～戦前）、国会図書館の所蔵本、その他の書籍・雑誌（明治～昭和二五年まで）から、書名に「支那」が含まれる料理関係の書籍、料理本ではないが、支那料理の記述（レシピ以外の説明も含む）のある書籍、その他料理・食関連の雑誌類など約七三〇冊である。[3] この中で餃子についての記述がみられたのは五〇冊弱であった。以下、具体的な例をあげながら紹介していく（表1）。

伴源平（編）『日本西洋支那三風料理滋味之饗奏』（一八八七＝明治二〇年）には餃子の説明がある

表1　餃子の記載がみられる書籍・雑誌（明治二〇～昭和三四年）

著者・編者	刊行年	書名・雑誌名	発行所
伴源平（編）	一八八七（明治20）	日本西洋支那三風料理滋味之饗奏	赤志忠七
岡本純（半渓散人）	一八九八（明治31）	和清西洋料理法自在（拍子　日本支那西洋料理法　全）	文事堂
山下胤次郎（凄涙閑生）編	一九〇一（明治34）	和洋簡易料理法	駸々堂
村井弦斎	一九〇三（明治36）	食道楽　春の巻	
半渓散人編	一九〇四（明治37）	和洋素人料理　家庭重宝	萩原新陽館
柴田波三郎・津川千代子著	一九〇九（明治42）	日本の家庭に應用したる支那料理	日本家庭研究會
半渓散人編	一九〇九（明治42）	和洋素人料理　四季庖丁	瀬山順成堂
外務省通商局	一九一一（明治44）	満洲事情　第一輯	外務省通商局
奥村繁次郎	一九一二（大正元）	実用家庭　支那料理法	盛林堂
大阪毎日新聞社編	一九二四（大正13）	婦人宝鑑　家庭百科全書	大阪毎日新聞社
李鴻恩・本田清人	一九二五（大正14）	手軽な惣菜向支那料理	大阪屋号書店
山田政平	一九二六（昭和元）	素人に出来る支那料理　婦人之友料理叢書三	婦人之友
羅味蒓著（村井弦斎氏推薦）	一九二七（昭和2）	手軽に出来る　家庭支那料理	実業之日本社
井上紅梅著	一九二七（昭和2）	支那料理の見方（東亜研究講座第十四輯）	東亜研究会
	一九二八（昭和3）	和食　洋食　支那食　家庭料理（婦人倶楽部新年号附録）	大日本雄弁会講談社

吉田誠一	一九二八（昭和3）	美味しく経済的な支那料理の揃え方（実用家庭講座）	博文館
村井政善	一九二九（昭和4）	支那料理	誠文堂
主婦之友社編集部（編）	一九二九（昭和4）	支那料理の揃え方（主婦之友実用百科叢書第三七篇）	主婦之友社
山田政平	一九二九（昭和4）	四季の支那料理	味の素本舗
大岡鳶枝	一九三〇（昭和5）	料理研究一般向支那料理	日本女子大学校泉山寮
	一九三二（昭和7）	料理の友（3月号）	大日本料理研究会
赤堀旺宏著	一九三二（昭和7）	最新支那料理法	大倉書店
中村イネ	一九三三（昭和8）	家庭実用　支那料理	文光社
新井兵吾（編）	一九三三（昭和8）	簡単に出来る　家庭向支那料理三百種（婦人倶楽部十一月號附録）	大日本雄弁会講談社
	一九三三（昭和8）	料理の友（3月号）	大日本料理研究会
秋穂敬子編	一九三五（昭和10）	支那料理	東京割烹女学校出版部
赤堀旺宏著	一九三六（昭和11）	即席一品　支那料理の作り方	秋豊園出版部
	一九三六（昭和11）	料理の友（12月号）	大日本料理研究会
	一九三六（昭和11）	食道楽（8月号）	食道楽社
	一九三七（昭和12）	食道楽（1月号）	食道楽社
竹田胤久編著	一九三八（昭和13）	隋園食単新釈補填〜支那料理基本知識	陶楽荘（料理の友社）

	1938（昭和13）	食道楽（6月号）	食道楽社
大日本料理研究会編	1939（昭和14）	支那料理辞典　上下巻	大日本料理研究会
	1939（昭和14）	料理の友（10月号）	大日本料理研究会
	1939（昭和14）	食道楽（12月号）	食道楽社
石川武美編纂	1940（昭和15）	主婦之友花嫁講座　洋食と支那料理	主婦之友社
赤堀旺宏（奥付は赤堀峯吉）	1941（昭和16）	家庭向き支那料理	文晃書院
	1941（昭和16）	料理の友（5月号）	大日本料理研究会
	1941（昭和16）	料理の友（8月号）	大日本料理研究会
南満洲鉄道総局旅客課編	1942（昭和17）	満州風物帖	大阪屋号
山田政平著	1947（昭和22）	中華料理の作方―六十種	ハンドブック社
大島はま子・野村萬千代	1950（昭和25）	中華菜	至誠堂
赤堀峯吉・全子	1950（昭和25）	実習　中華料理全書	文晃書院
似内芳重	1952（昭和27）	主婦之友の独習書全集（11）中華料理独習書	主婦之友社
	1954（昭和29）	一年中役にたつ家庭向西洋中華料理独習書（婦人生活昭和29年5月号附録）	同志社
	1955（昭和30）	料理全書	主婦之友社
手塚みさお	1959（昭和34）	西洋料理と中華料理	泰光堂
馬遅伯昌	1959（昭和34）	中国の家庭料理	婦人之友社
辻　徳光	1959（昭和34）	料理全書	日本割烹学校

が、内容は『清俗紀聞』の引用である。岡本純（半渓散人）『和清西洋料理法自在』（一八九八＝明治三一年）には〈支那料理方名〉に、

餃子《こうづう》あり。これは麦の粉と水にて固くこね、棒にて薄くのべ、丸く三寸位に形にて打ちぬき豚の肉と賽の目に切りたるを椎茸と葱を細かに刻みたるとを饅頭の如く包みて、蒸籠にて蒸あげて用ゆるなり。

とあり、やはり前述の資料とほぼ同じ内容である。この半渓散人は一九〇四年（明治三七）に『和洋素人料理　家庭重宝』、一九〇九年（明治四二）に『和洋素人料理　四季庖丁』を著わしているが、餃子の記述は前書と全く同じである。

ここまでの餃子は、蒸餃子ばかりであるが、焼餃子（鍋貼）や水餃子の説明がみられるのは、明治後半の柴田波三郎・津川千代子著『日本の家庭に応用したる支那料理』（一九〇九＝明治四二年）、外務省通商局編『満洲事情　第一輯』（一九一一＝明治四四年）、奥村繁次郎『実用家庭　支那料理法』（一九一二＝明治四五年）などである。

大正期の料理本で餃子に関して記されたものに大阪毎日新聞社編『婦人宝鑑　家庭百科全書　一九二四（大正一三）年度』があり、〈簡易な支那料理法〉の中で、湯面餃が記載されている程度であるが、一九二六年（昭和元）に刊行された山田政平『素人に出来る支那料理　婦人之友料理叢書三』には豚・鶏、海鮮を材料として蒸餃子、水餃子、焼餃子などが紹介されている。著者の山田は「支那に在

ること二十年、比較的支那各地の料理に親しむ機会の多かった」ということもあり、餃子について「東京の支那料理屋で盛んに売っている、雲飩《うどん》や焼売の類でありますが、それらが南京系統のものであるのに反して、之は北京系統のもので、非常に美味しいものです」と言及している。

一九二七年（昭和二）には羅味蒓『手軽に出来る　家庭支那料理』、井上紅梅『支那料理の見方』が刊行され、前者では〈玉子料理〉の中で蛋餃が、〈點心〉の中で水餃子・湯面餃・鍋貼が、後者では炸蛋餃・蒸餃子・鍋貼などが紹介されている。翌二八年には吉田誠一『美味しく経済的な支那料理の揃え方』で水餃子・蒸餃子・四方餃が紹介され、二九年には「実際の料理人で、食物研究家として二九年間を過ごした」村井政善が『支那料理』で炸三餃・水餃子を紹介している。その他、一九二八～二九年（昭和四～五）発行の三冊の料理書で紹介されている餃子は、いずれも水餃子である。

一九三一年（昭和六）の満州事変の後、四五年（昭和二〇）の敗戦時までは、料理書、あるいは他の資料にほぼ毎年といってよいぐらい餃子が登場するようになる。

3 餃子を知らない人にどう説明するか――柏餅と豚饅頭

今日のような美しい写真が添えられた料理本ならば、たとえ食べたことがない料理でも、おおよそどんなものか容易に想像できるに違いない。それがない場合、餃子のかたちはどう表現され、どんな類似の食品になぞらえてきたのだろうか。

前述の『卓子式』では「大はまぐり」「折り編み笠」にたとえられているが、比較的多くみられるのは「柏餅」という表現である。

餃子の作り方の図解がみられるものとして、一九三二年（昭和七）の赤堀旺宏『最新支那料理法』、『料理の友』（一九三六＝昭和一一年一二月号）、石川武美編纂『主婦之友花嫁講座　洋食と支那料理』（一九四〇＝昭和一五年一二月号／図2）があり、戦後でも似内芳重『中華料理独習書』（一九五二＝昭和二七年　写真付）、一九五九年（昭和三四）の手塚みさお『西洋料理と中華料理』や辻徳光『料理全書』などがあるが、やはり「柏餅」形であるという説明が図とともに添えられているケースが多い。

呼び名として「餃子」以外に「扁食／片食」という別称があることは先に述べた通りだが、他の名称としてよく使われたのが「豚饅頭」である。村井弦斎『食道楽　春の巻』（一九〇三＝明治三六年の〈第八六　豚料理〉に、「今日は豚饅頭を拵えましょう……柏餅の皮の様な皮を拵えて豚を包みます」と明らかに蒸餃子と解釈できる料理が紹介されている。

料理書ではないが、石森延男編『カメラの満州』（一九三九＝昭和一四年）では写真のキャプションとして「餃子館　豚饅頭《ぶたまんぢゆう》屋です。……露店市場の一風景です」と紹介されている。米田祐太郎は『生活習慣北支篇』（一九四一＝昭和一六年）で、

豚饅頭　支那では私なども俗に豚饅頭といふ餃子《チアオツ》（メリケン粉をこねて皮とし豚肉、葱、生薑《しようが》、

図2　戦前の料理書に掲載された餃子の作り方（『主婦之友花嫁講座　洋食と支那料理』昭和15年）

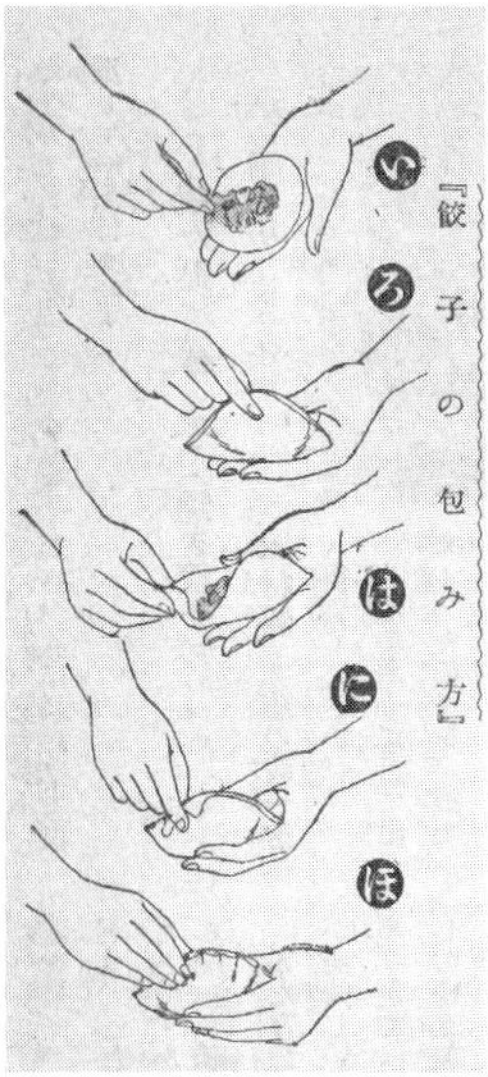

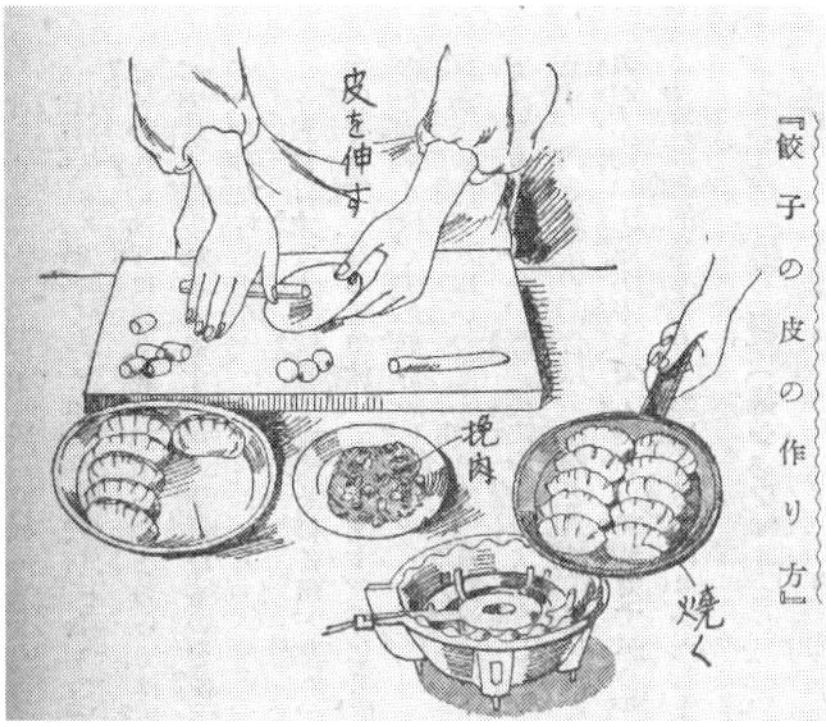

白菜などを混じたのを餡として蒸したもの）の十銭は喰べ切れない。餃子より稍形の大きいのを包子と呼んでるが、日本人は双方共に豚饅頭で片づけてる。肉饅頭は別にあつて、餃子や包子は柏餅とか巾着の形をしてゐるのが違ふ。

と述べているように、豚饅頭はいわゆる「肉まん」と「餃子」の二つを示すものとして混用されてきたことがうかがえる。その他、水餃子を「茹でた焼売」「北支の焼売」と形容するなど、餃子はなじみのある食品になぞらえて紹介されてきた。

4 「ぎょうざ／ギョーザ」の呼び方の謎

各種文献にみられる漢字表記の「餃子」の読み方については、ルビがあったりなかったりする。一八九八年（明治三一）の岡本純の本では餃子を「こうづう」と読ませており、その後刊行された他の本でも、チョーツ、チャオツといった、標準中国語に比較的近い表現が昭和三〇年代まで漢字と併記されているのが一般的であった。戦後もしばらく餃子に、「ぎょうざ／ギョーザ」と併記されるケースが多い。

いつ頃から「ぎょうざ／ギョーザ」と呼ばれるようになったかについては資料が十分ではないのでいまだ推測の域を出ないが、一般的になりはじめたのは「満州国」が建国された一九三二年（昭和七）以降、より多くの邦人が渡満するようになってからではないかと思われる（図3）。

一九三〇年（昭和五）『月刊　食道楽』五月号の「満洲食味―口福自伝（十二）」で当地の年末の風情を紹介する中で「……角子《ちやうづ》、即《すなは》ち、焼売《しうまい》のやうなものである」と書いていた平山蘆江は、二年後の三二年の『料理の友』三月号では「日本の支那料理の中には焼売《シウマイ》といふものを盛んに使つてゐるが、あれよりは水餃子《スイチヤウヅ》（満州語でギャウザ）の方が余程旨い」（「満洲の珍味」）と、満州にいた頃の水餃子の味が忘れられないと述べている。さらに『料理の友』（一九三六＝昭和一一年一二月号）で山田政平は「満州料理」で「餃子チヤオツ　chiao tzu（満洲人ギヨウザと云ふ）」と書いている。『料理の友』一九四一年（昭和一六）五月号では、北林余志子が「ロシヤの餃子」というエッセイで、従軍作家として満州へ行ったご主人が美味しかったという餃子をなんとか再現しようと試行錯誤する話を綴っている。後日談として、「満洲から帰ってきた友達から満洲ではギヨウザと云ふそうだ」という

図3　明治41年から昭和15年にかけての在満邦人の人口推移

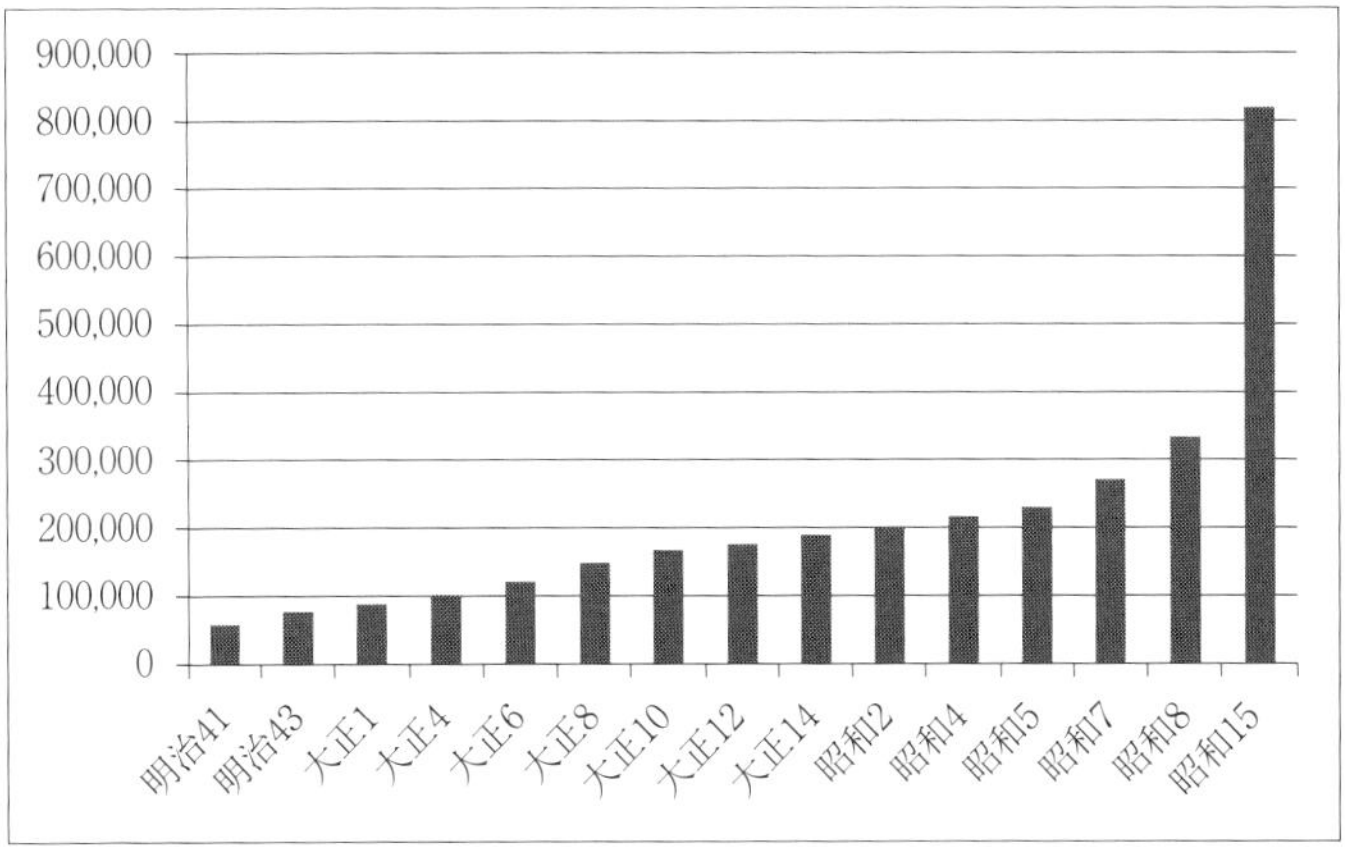

注：塚瀬進『満州の日本人』を参考に作成

ことを教えられたことが書かれている。一九三九（昭和一四）年の『食道楽』一二月号でも水島爾保布は「満洲在住の日本人諸君はギヨウザと呼んでゐる」（「満蒙雑味」）と書いている。

チャオズ、ギョウザ、そしてその中間的な表現のギョウズもこの前後にはみられた。

標準中国語で餃子は「ジャオズ（jiao zi）」というが、なぜ「ぎょうざ／ギョーザ」と呼ぶようになったかは諸説ありながらこれもいまだ謎である。

一つは山東省の方言説である。萩谷朴氏は『語源の快楽』で「戦前、満洲方面へ出稼ぎに来ていた山東出身の人たちは、鼻濁音で、ギャオヂと訛った発音をする。……餃子だよ〝餃子・啊（ギャオヂ・ア）〟というコトバを、感動詞のアまでひっくるめて、「ギョウザ」と覚え込んだ」と同僚が語ったエピソードを紹介している。田中静一氏も「餃子の発音は山東音の日本なまりである」（田中一九九九）と指摘している。山東省での餃子の呼び方については于亜氏の報告(4)があり、『中華風俗史』を引用して「省都の周辺では水包と謂い、下町では扁食ないし水餑餑といい、東府（煙台、蓬莱周辺）では餶飿と謂う」とある。

餶飿は宋代の周密撰『武林旧事』〈巻六・市食〉や明代末の万暦年間（一五七三〜一六二〇）に成立した『金瓶梅』の中でもみられる古い言葉であるが、山東・遼東半島の農村部ではこの餶飿あるいは餶飵が今日でも使われているという(5)。餶飵（gu zha　グージャ）のほか、姑扎（gu za　グーザ：同音のため古扎・鼓扎とも表記される）といった呼び方がある。遼東半島は旅順や大連をはじめ、多くの日本人が戦前いた場所であったから、この方言が日本風に「ぎょうざ」となって、広まっていった可能性はあるだろう。

もう一つは朝鮮漢語音で、餃子は교자（キョジャ／ギョジャ）と読み「ぎょうざ」と似ているので朝鮮半島経由で伝わったという説である(6)。朝鮮人が朝鮮半島から越境して満州に定住を開始したのは一九〇六年頃からで、満州の内陸部に進出した朝鮮人人口は、一九一〇年にはすでに一〇万九千名だったという(7)。朝鮮半島では餃子がマンドゥ（만두）という名称ですでに定着していたことを考えると、現在中国延辺朝鮮族自治州では漢字をそのまま朝鮮漢語音にして使う事例もあるようだが、移民先の満州でギョジャと呼んでいたとは考え難い。

ちなみに中国の少数民族が多く暮らしている民族自治区では、看板は漢字と民族語で併記される場

合が多いが、今日の延辺の餃子店の看板の写真をインターネットでみる限り、漢字の餃子とともに併記されているのは만두（マンドゥ）である。ただし口語表現に関する資料は手元になく、中国の朝鮮族の言語調査等の資料も合わせて考えなければならない問題であろう。

ところで『食道楽』（一九三六＝昭和一一年八月号）「満鮮げて食味」の中で添田さつきは「一番大衆的な喰ひ物は、餃子《ギャウズ》であらう。これは朝鮮興南から栄えて来たのだが、……」と書いている。興南は日本が統治していた一九二〇年代より朝鮮窒素肥料や日窒コンツェルンが中心となって工業化を進めた港湾地域で、邦人居民も少なくなかったようだから、こちらもルーツの可能性がなくもない。

いずれにせよ「ぎょうざ」の呼称については、当時の資料を調べて将来的な報告としたい。

5 どこで餃子を食べたか（戦前）

戦前のいわゆる「支那料理屋」についての資料はあまり多くない。吉田誠一の『美味しく経済的な支那料理の揃え方』（一九二八＝昭和三年）の緒言には「近時支那料理が普《あまね》く人口に膾炙《かいしゃ》されて、東京市内のみにても短日月の内に、二千有余軒（兼業者を含む）と云ふ、多数の料理店が出来て驚く程で有ります」とあるが、栄枯盛衰の激しい飲食店の全貌を把握するのは困難である。「支那料理屋」の名前や場所（番地まで記載されているものか、少なくとも町名が確認できるもの）をうかがい知る資料としては、たとえば津田利八郎編『東京便覧』（一九〇六＝明治三九年）、東京倶楽部編『最新東京案内』（一九〇七＝明治四〇年）、三友協会調査部編『東京特選電話名簿　上巻』（一九二二＝大正一一年）、今和次郎『新版大東京案内』（一九二九＝昭和四年）、後藤朝太郎『支那料理通』（一九三〇＝昭和五年）、白木正光編『大東京うまいもの食べある記（一九三三＝昭和八年版・一九三五＝昭和一〇年版）』といったものがある。

あるいは特定の料理屋について、たまたまなんらかの文章で触れているもの、広告を合わせても、明治～昭和一〇年までに店名が確認できた東京の「支那料理」は六〇数軒程度であった（「支那料理以外のものも食べさせる店」も含む）。これらの店は、広告を出せる経営規模であったり、当時の文化人や政財界人が利用したある程度有名店であったことが推測される。では、この中で戦前に餃子を食べさせる店があったかというと、これも把握するのは難しい。エッセイなどで「餃子を食べた」とは書かれているものの、店名の記載がなかったり、現在餃子を出している戦前からの老舗中華料理であっても、メニューとして餃子があったかは確認できないケースが多いからだ。田中静一氏は「戦争に入ってから、大陸との往来も多くなり、餃子の本場である北支、満州の生活経験者で東京に居住する人も増えたので、神田あたりに二軒か三軒の餃子を出す店があった。この当時、麺類、焼売、包子などは日本化したといえる状況であったが、餃子はまだ日本化していなかった。餃子が日本化するのは戦後である」と述べている（田中一九九九）。

わずかな資料をみていくと、山田政平は『料理の友』（一九三三＝昭和八年三月号）で、「鍋貼《クオテイエ》を做る店は鮮《すく》ない。我等の知る限りでは、神田今川小路の北京亭でやつて居《ゐ》る」と記述している。

一九〇六年（明治三九）の『東京便覧』にも名前が見られる支那料理店〈もみぢ〉について、古川緑波は『ロッパの悲食記』で「焼売というと、これ（餃子：筆者注）を食わせていたものである。尤ももみぢのは、蒸餃子であったが」と書いている。

一九二二年（大正一一）創業の山水楼のメニュー集『山水食譜』（一九二八＝昭和三年）には餃子はみあたらない。広東料理の店だったから北方料理の餃子はないのが当然かもしれないが、翌年刊行された『支那料理の揃え方（主婦之友実用百科叢書第三七篇）』には、「本書は、すべての指導を、東京市麹町区有楽町一‐四、支那料理山水楼主人、宮田武義氏に仰ぎ」とあり、本文で水餃子の作り方が記されているから、メニューにはなくても支那通の客のリクエストに応えて餃子を提供していたこともあったかもしれない。

『日本趣味　第一期第四輯』（一九三五＝昭和一〇年）で島東吉は、奉天の松鶴軒で食べた餃子の味が忘れられないと語り、「ところで餃子を珍しくも東京で喰べさせるところが新宿と早稲田にあつたが、しかし、お話にならない」と述べている（「素人味覚備忘録」）。この早稲田の店とは、もしかして満鉄を脱サラして帰国した東海林太郎が大連からコックを三人も雇って弟の三郎と昭和六年に鶴巻町に開業した〈東瀛閣〉だったかもしれない。また『食道楽』（一九三七＝昭和一二年一月号）で結城礼一郎が「先年新宿にチヤオズと焼売《シウマイ》ばかり売る店が出来たが何時の間にか形を没した。あそこのも悪くはなかつたけれど綺麗ごと過ぎて面白くなかつた」(「満洲食味点描」)と書いており、この店がその頃北京料理としては新宿随一、コックは支那人で留学生客も多かった〈泰華楼〉か、あるいは新宿〈宝亭〉だったかもしれないが、詳細は不明である。

一九二七年(昭和二)に旅館から料理店に商売替えし、京蘇料理を提供していた〈浜のや〉(日本橋区浜町)の菜譜《メニュー》には、点心ノ部(御菓子類)に豚肉餃子、海棠餃子(ハム野菜餃子)、鳳尾餃子(鳥ノ形餃子)、四喜餃子(椎茸ハム 青豆玉子餃子)、木六餃子(木魚形餃子)、水餃子(餃子の吸物)の六種があげられている(8)。

現在も小岩に店を構える〈永楽〉のHP(9)によると、この店は昭和一三年(一九三八)創業で、初代店主が満州より持ち帰った餃子を提供し続けているという。

東京以外ではどうか。一九〇三年(明治三六)の『横浜繁昌記』によれば、支那料理店は南京町に四軒、伊勢崎町に一軒で、その後も南京町には〇五年に一四軒、一〇年(明治四三)でも一七軒が確認されるぐらいである。

北林余志子は前出「ロシアの餃子」で、自分は横浜生まれで子供の時分から支那料理は喰べているが「チャオズ」は聞いたこともなかったので、南京町の行きつけの京蘇料理屋に行ったところ「うちでは餃子は作りません」といわれたのを、無理に頼んで作ってもらったのだが大変美味しかったと述べている。

横浜中華街の永楽製麺所によれば、[10]横浜中華街は広東出身者が多かったこともあり、北方の餃子を主メニューにしたお店ができたのは戦後一九五〇年（昭和二五）頃で同社で餃子の皮を扱うようになったのも一九六〇年（昭和三五）頃と比較的遅いのだという。

したがって、戦前の横浜中華街の飲食店で少なくとも日本人相手に餃子を提供したことがあったとは考えにくい。今でこそ、中国各地で餃子が食べられるようになったが、現在日本に滞在している中国人留学生や社会人にたずねてみても、故郷での餃子の飲食頻度には地域差がみられる。戦前ならばなおさらその差が大きかったことは想像に難くない。

緑波が谷崎潤一郎に教わって行ったという神戸の〈神仙閣〉でも、戦前から餃子を提供していたようである。

乏しいこれらの資料をみる限り、戦前に日本国内で餃子を食べたことがある人、また餃子という食べ物の存在自体を知っていた人は、東京などの都会に暮らしていたごく一部の人だけで、その他は中国で暮らした経験がある者、視察や旅行などで中国を訪れた経験がある者に限定されていたといえよう。

大正期にツーリズムが成立し、「支那趣味」と相まって視察と称する支那旅行が流行したが、「大陸漫遊」した人々によって、少なからぬ旅行記が書かれた。こうした時代の流れや体験を踏まえた、もしくは意識した記述が料理書や旅行記での食べ物の紹介にもみられるようになる。大正後期には料理本において「支那料理」が地域によって異なることが指摘され、昭和に入ると北部や満州などの料理や料理店が現地の風俗とともに説明されるようになった。

上田恭輔は「満洲料理の味覚」で「正月の雑煮餅に匹敵する小さな柏餅の恰好をした餃子《チャオツ》などは満洲特色の料理と言へるかも知れない」(『日本趣味』第一期第四輯、一九三五＝昭和一〇年)と書いており、林芙美子の「北京紀行」(『改造』一九三七＝昭和一二年一月号)には一か月の滞在中に目にした風景や人々、風俗や商売の光景が描かれており、その中で「豚肉をうどん粉の袋で包んで揚げたり茹でたりしてゐるげうずを売る店も軒並みだつた」と餃子についてもふれている。

一九四〇年(昭和一五)刊行の『主婦之友花嫁講座　洋食と支那料理』では〈点心〉のひとつとして餃子がとりあげられ、作り方を説明する前置きとして「北支から満洲方面の人の常食のやうなもの、南支の焼売と同じく点心の一種です。これだけで、お菜も御飯もいらない重宝なものです……」と書かれている。

インターネットには、HPには満州で過ごした想い出、あるいは両親や祖父母の聞き書きを綴っている例もいくつかみられるが、この中で餃子についてふれているものもあり、現地の中国人に餃子をご馳走になった、あるいは母親が作り方を教えてもらって家でも作っていた、あるいは満州の駅弁ではじめて焼餃子を食べたといった話も見られる。満鉄の駅弁の資料はほとんどなく、鶏冠山駅(安奉線)の餃子弁当の掛け紙がコレクターの上杉剛嗣氏によって保存されているぐらいで、これがどんな餃子だったかは不明である。ちなみに日本初の餃子駅弁は一九五七年（昭和三二）に新潟の長岡駅で発売されたもので、蒸餃子であった(11)。

6 戦後の飲食店と餃子

以上のように、戦前、国内の飲食店で提供されることは非常に少なかった餃子だが、戦後は一転して瞬く間に外食の寵児《ちょうじ》に躍り出た。『サンケイグラフ』一九五五年（昭和三〇）七月三日号に「中国版お好み焼き　餃子《ぎょうざ》ブームを解剖する」という記事がある。ひところは餃子を鮫子と間違えて「サメコとはいったい何ぢやろう」といわれたぐらい馴染みが薄かった餃子が「昭和二九年九月現在では東京都内にわずか四〇数軒であったものが、毎月二〇軒ずつ開店して今では推定二〇〇軒位がお店繁盛をうたっている」と書かれている。商売繁盛の背景について、「戦後大挙して来た引揚者たちの、大陸へのノスタルヂァをあてこんでこれも矢張り引揚者の多少商売気のある人たちが餃子専門店をはじめ、そのゴヒイキ客たちが宣伝これつとめた」と解説している。翌五六年に刊行された『味の東京』は、エリア別に地図も加えて飲食店を紹介した本であるが、最後に餃子店の繁盛ぶりが記されている。この頁に元祖餃子会館（新宿・池袋、のちに荻窪にも店舗があった）の広告が掲載されており、そのキャッチコピーは「満州の想い出と味を求めて」である。

雨後のタケノコのようにあちこちに出現した餃子屋であるが、東京ではその先駆けとして渋谷の恋文横丁が名高い。いま一度『ロッパの悲食記』をとりあげれば、「戦後はじめて、東京に出来た店に、ギョーザ屋がある。……ギョーザ屋とは、餃子（正しくは鍋貼餃子）をくわせる店」で、渋谷の有楽《（ママ）》、ミンミン、新宿の石の家について言及している。ちなみに〈友楽〉は一九四八年（昭和二三）、大連から引き揚げてきた主人が中国人の夫人と渋谷百軒店で開業し、四年後、恋文横丁に〈珉珉羊肉館〉と名前を変えて店を構えたので経営者は同じである（一九六七年に道玄坂に移転し、現在は閉店）。

いわば聖地ともいえる渋谷をはじめ、餃子店は新宿・池袋のような盛り場、あるいは銀座に多かったという。『丸』という雑誌でも、先の『サンケイグラフ』と同じく、一九五五年（昭和三〇）七月号で餃子のことをとりあげており、「中華料理屋と名のつくものが都内で約千軒以上あるが、その大半、特に高級店のほとんどが第三国人経営なのに対し、餃子専門店（純ギョウザ屋約四〇軒）はすべて日本人、なかんづく満州よりの引揚者でしめられている」という。

渋谷だけでなく、一軒の屋台からスタートしたという店はＨＰなどをみても全国的に多かったようである。田中静一氏の文章を再び引用すれば「敗戦で中国大陸から開拓団、一般人、兵士など多くの人々が引き揚げてきた。……戦後の苦しい生活を支えるために設備も技術もそれほどいらない餃子の店を開く人も出た……ふつう外来の食は大都市から始まり、数年かけて地方に広まるのだが、餃子のように二―三年で日本化するのは珍しい」という（田中一九九九）。

食の雑誌『dancyu』は、過去八回も餃子特集を組んでおり（一九九一年・九三年・九五年・九七年・九九年・二〇〇一年・〇三年・〇六年）、二〇一〇年には、これらの特集に後追い情報等も加えて『dancyu　復刻版　餃子万歳』を刊行している。新・旧餃子店の餃子の特徴やエッセイ、老舗の由来や餃子の作り方など、盛りだくさんの内容で、これだけみても、餃子がいかに日本人に好まれ、興味をそそられるテーマであり続けてきたかをうかがい知ることができるというものだが、登場する店を数えると一八五軒にものぼる。店のＨＰなどを確認してみると、たいていはやはり戦後開店した店である。

たとえば一九四九年（昭和二四）創業の福岡の〈宝雲亭〉は、初代が出征して奉天（現在の瀋陽）で食べた餃子をヒントに作ったという。横浜・野毛の北京料理店〈萬里〉は創業者の母親が新京（満州の首都、現在の長春）にいたとき、ある店で食べた餃子がおいしかったので作り方を教えてもらったという。〈泰興楼〉（東京・八重洲）は、初代店主が、満州から引き揚げた常連客のリクエストに応えて完成させたのが一番人気のジャンボ餃子（焼餃子）だという。その後、昭和二〇年代に創業した店をみると、〈満州里〉（東京・大森）の餃子は中国から引き揚げてきた人に教えてもらった製法をもとに作られ、久留米の〈満州屋〉は満州で覚えた味を久留米向きに変えてスタートしたと言い、神戸の〈夫婦餃子〉も満州から引き揚げてきた夫婦が開業したものである。〈おけ以〉は中国東北部から引き揚げた初代が神保町で開業した店である。

以上、一部の店の紹介にとどめるが、創業者、もしくはその家族が満州とゆかりのある方々、あるいは中国東北部から引き揚げてきた客から学んで餃子を提供するようになったケースが多い。その後も満州との関係がない新規参入も加わり、餃子を提供する店は増え続けていった。

個人経営の店が多い中でチェーン店の先駆けとして特筆すべきは〈王将〉である。一九六七年（昭和四二）、京都四条大宮に第一号店を出店して以降、「現代人の味を追求する」「価格を破壊する」「調理のスピードに挑戦する」をモットーに京都市内を中心に店舗展開し、二〇一〇年三月末時点で、全国に直営店は三六四店舗、フランチャイズ店は一九一店舗もある。ちなみに王将は二〇〇五年、大連に海外一号店を出店している。その後、ホワイト餃子や鉄鍋餃子ブームの火付け役となった紅虎餃子《べにとらぎょうざ》房《ぼう》（際コーポレーション）など多くの店舗が地方・全国にチェーン展開を果たしている。

引揚者による第二期は、いわゆる残留孤児たちによる開店である。一九八一年（昭和五六）に厚生省が中心となって中国残留孤児・訪日肉親捜しが開始され、前後して帰国を果たした人たちの中で餃子を看板にした店を開いたケースがある。その代表格は、〈你好《ニーハオ》〉であろう。主人の八木氏は一足早く一九七九年に帰国し、四年後に大田区蒲田に店を開いた。「日本では焼き餃子が人気であることを友人から教えてもらいました。焼き餃子を美しく作るために研究に研究を重ね、この羽根つき餃子にたどり着きました」とＨＰに掲載されているように、羽根付き餃子を考案したのもここの主人である。親戚筋の店、〈金春《コンパル》〉〈歓迎《ホアンヨン》〉ほか数軒の店とともに蒲田は餃子で有名な地域となっている。

7 日本人の嗜好にあった餃子

日本では一部の店を除き、現在でも餃子といえばほとんどが焼餃子を提供しており、餃子といえばすぐにイメージされるのも焼餃子であろう。よく「中国では水餃子が主流で、焼餃子はほとんど食べない。水餃子が余ったら焼いて食べる」といわれている。『中国食文化事典』(角川書店)によれば、中国本土では蒸餃子が一般的であり、華北地方の寒冷地では水餃子が多いという。であるから、確かに満州でも水餃子は多く食べられていたであろうが、鍋貼や煎餃など、油で焼いたり、揚餃子風にしたものも食べられていた。

一一歳まで大連で過ごした甲斐大策氏は、著書『餃子ロード』の中で「私に棲みついた最初の餃は、鍋貼《クオティエ》(児《ル》)だった。それは六歳の頃のある夜、生まれ育った大連市南山麓の自宅に出前でやってきた。……南山麓が市街と接する所に鏡ヶ池と呼んだ池があり、すぐ近くで「柳亭」という小さな菜館が大連伝統の鍋貼を深夜まで提供していた」と回想している。

『料理の友』一九四一年(昭和一六)八月号に掲載された無九伝の「満洲の一品料理」には「一品料理として誰でも(内地人の)真ツ先に食べてみるのは餃子《チャオツ》である。……油で揚げたのと、湯で煮たものの二種類ある。日本人は「水餃子《スイチャオズ》」よりも油であげた「煎餃子」の方を好む。「餃子専門店」と書き出した飯店がある。餃子だけ喰べやうと思ふなら、そんな店を探して入つた方がホントの味をかみしめるのにいい」とあるように、当時から餃子、ことに焼餃子が日本人に好まれていたことを知る

図4　日本ならではの「餃子定食」
（神保町：スキートポーズ）

ことができる。

近代以降の日本における中国料理は、初期においては広東料理の影響が強かったため、料理書においても北方料理の餃子の記述は少なかったが、餃子がとりあげられるようになってからも、どこに分類すべきか扱いにくかったのではないかという印象は否めない。焼売であれば「蒸し物」や「点心」に分類されるが、餃子は蒸すだけの調理とは限らない。「一品料理」あるいは素材別にとりあげた本でも「豚肉料理」などの項目で紹介されつつ、どことなく収まりの悪さを感じる。つまり、点心の中でも焼売のようなおかずともいえず、甘い菓子でもなく、かといって単品で完結する麺類と違い、日本では餃子を主食として食べる習慣や馴染みもなく、いったいどんな状況で食べるものかを考えると、いささか勧めにくい料理だったのではないかと思われるのである。だが、薄い皮で包んで焼くことで、安いながらも「ご飯にも合う副食」に、さらに「酒の肴にもよい」メニューへと位置づけが変わり、受け入れられていったのであろう。御飯に汁もの、焼餃子をおかずにした「餃子定食」は、日本ならではの食べ方である（図4）。

8 家庭での餃子をサポートした加工食品

皮も餡も手作りの餃子の美味しさは格別である。NHKの「きょうの料理」で餃子の作り方がはじめて紹介されたのは、一九五九年（昭和三四）一月号で、「皮も手作りしてこそ本当の餃子」というキャッチフレーズで、写真で作り方のプロセスが紹介されている。同年『栄養と料理』六月号にも、やはり「きょうの料理」と同じ王馬熙純氏を講師に「てがるな中国の粉料理」が掲載されている。しかし包むのだけでも大変であるから、家庭で餃子を皮から作るとなると大仕事である。家庭で手軽に作ることに一役買ったのは市販の「餃子の皮」であろう。しかし、餃子の皮がいつ、誰によって作られ始めたかを突き止めることは難しい。というのも、製麺業者が細々と作ってきたことが多く、記録もあまり残っていないからだ。

株式会社東京ワンタン本舗は、業界の中でもいち早く餃子の皮の市販を開始したことで知られる。かつて粉問屋につとめていた当時の社長は、戦後数人の従業員を雇い、製麺業を始め、軌道にのりかけていた一九四七年（昭和二二）、あるお客様から餃子の皮を作って欲しいという注文を受けたという。今の時代は満州から引き揚げた人たちが相当数いるはずだから、これは売れるだろうと確信し、翌年本格的に製造を開始し、まずは肉屋から販路を開拓した。肉屋には冷蔵庫があったのと、皮が売れれば夏場に痛みの早い挽肉《ひきにく》がコンスタントに売れたから肉屋にとっても一石二鳥であったからだ。

一九五二年（昭和二七）には、はじめてラジオで宣伝を行い、その後、次第に競合会社も出始めてきたとのことだが、家庭の食卓に手作り餃子が普及する頃の興味深い話である。[12]

手作りよりさらに手軽な加工食品の餃子を振り返ると、冷凍餃子をはじめて販売したのは一九六〇年（昭和三五）、日本冷蔵（現・ニチレイ）である。その後、相次いで数社が冷凍餃子製造に参画し、間もなく餃子は海老フライ・コロッケ・シューマイ・ハンバーグとともに冷凍食品の五大品目のひとつとして市場に定着した。

一方、生餃子の販売はもっと早いものと推測されるが、冷凍餃子が大手企業によるものが多いのに対し、生餃子は今日までローカルなレベルでさまざまな業態がかかわってきたこともあり（餃子店や総菜屋、地元の食品会社など）、はっきりとその軌跡をたどることは困難である。大手では紀文食品が一九八〇年（昭和五五）に〈肉ぎょうざ〉をまずは信越エリアで、その後、全国へ発売した。

家庭電気文化会によれば[13]、一般家庭向けの小型冷蔵庫が発売されたのは一九五二年（昭和二七）、冷凍食品が保存できるフリーザー付きの冷凍冷蔵庫が発売されたのは一九六一年（昭和三六）であった。冷蔵庫の普及率が五〇％を超えたのは六五年、普及率がほぼ一〇〇％の時代を迎え、大型の冷蔵庫が普及するようになったのは一九七六年（昭和五一）である。加工食品の餃子の普及は、その他の加工食品と同様に家電製品の普及と軌を一にしている。

ニチレイに続き、一九七二年（昭和四七）に味の素も冷凍餃子の販売を始め、現在は市場シェアのトップを占めるにいたっている。

2　新たな餃子の役割――ローカルな餃子と地域おこし――

外食・中食で、あるいは家庭での手作りメニューとしてさまざまに消費される餃子は、大半がオーソドックスな焼餃子であるが、ミクロにみれば、形や大きさ、つけダレ、供し方などにバラエティーがあり、特定の店のメニューを超えて、地域的な特徴をもつにいたっているものもある。

「八幡ぎょうざ」の定着の歴史は官営八幡製鉄所が操業した一九〇一年（明治三四）頃にさかのぼる。鉄鉱石などの材料取引が始まることによって、中国大陸と密な関係が構築され、人的交流を通して早くから餃子がもたらされ、庶民の味として市民に定着していったという。今では全国的に有名になった「鉄なべ餃子」（図5）を生み出しただけでなく、ひとくち餃子・手羽餃子・スープ焼餃子・揚餃子など多種多様に進化している。また薬味として柚子胡椒《ゆずこしょう》を用いるのもこの地域の特徴である(14)。

浜松では戦前から中華料理店のメニューに焼餃子があり、戦後の屋台餃子を通して広く浸透するようになったというが、一度に多く焼くためにフライパンに丸く並べて焼いて、円型に焼いた真ん中の穴に付け合せとして「茹《ゆ》でもやし」が添えられるようになった（図6）。地元産のキャベツなどが餡に使われているのも特徴である。浜松の餃子で興味深いのは、持ち帰りがさかんな点である。元来、浜松人は外食を好まず、昭和四〇年代くらいまではあまり飲食業がさかんでなく、必ず出前があったくらいだが、工場で働く人が多かった中で共働きも進み、こと餃子に関しては出前ではなく持ち帰り

図5　「八幡ぎょうざ」のひとつ〈鉄なべ餃子〉

図6　茹でもやしを添える「浜松餃子」

をするケースが多く、この持ち帰り文化は現代にいたるまで受け継がれ、どこの町内でも歩いて買いに行けるような持ち帰りのできる餃子店が大概二〜三軒はあるのだという[15]。

もともと餃子店の多い地域や、餃子の消費の多い地域の自治体や商工会議所・業界などが、なんらかの団体を作って飲食店のPRを行ったり、その地域の特産品などを使った餃子を開発して、新しい「ご当地グルメ」を普及する動きがみられるが、その先駆けは宇都宮市である。市の職員が総務省・家計調査年報をみていたところ、宇都宮市民が全国で一番餃子を購入していることに気づいたのがきっかけとなり、一九九〇年（平成二）に「宇都宮餃子会」を設立。餃子を通じた地域活性化と餃子文化の普及振興を目指している。

このような地域の餃子を普及させるための団体には、

浜松餃子学会（静岡県浜松市）
ふくしま餃子の会（福島市）
かわさき餃子舗の会（神奈川県川崎市）
みやしろ餃子（埼玉県宮代町）

津ぎょうざ協会（三重県津市）　伊那餃子会（長野県伊那市）
加古川ホルモンやみつき会（兵庫県加古川市）　すその餃子倶楽部（静岡県裾野市）
津山餃子部会（岡山県津山市）　八幡餃子協議会（北九州市八幡）

などがあり、全国のB級ご当地グルメの祭典、「B―1グランプリ」が開催されるようになった二〇〇六年前後から増える傾向にある。

埼玉県宮代町は町内に餃子を提供する店が多かったことと、餃子に使用する地場野菜も豊富であることから二〇〇六年（平成一八）より商工会が中心となって「みやしろ餃子」をブランド化した。「かわさき餃子輔の会」は二〇〇七年（平成一九）七月に有志一八店舗で川崎の新たな名物として餃子を広くアピールすることにより、地域の活性化に役立てたいという主旨で発足し、二〇〇九年（平成二一）七月に専用のみそだれとして「かわさき餃子みそ」を発表している。

「津ぎょうざ」は一九八五年（昭和六〇）頃から旧津市内の小学校の献立として提供されて人気のある餃子で、定義は「直径一五センチの皮に包んだ揚餃子」である。給食でしか食べられなかったこの餃子を津市元気大学（市民団体）が「津ぎょうざご当地グルメプロジェクト」を立ちあげて二〇〇八年の津まつりで販売。以後、市内の店でもメニュー化を進めている。

「伊那餃子」は、栄養価の高い雑穀アマランサスを皮に練《ね》り込んだものである。地元飲食業の活性化策を検討する中で、餃子による町おこしをしようと、飲食店有志による「伊那手づくり餃子愛好会」が二〇〇四年（平成一六）に設立され、ちょうどその頃、伊那商工会議所では伊那市内の遊休農地を利用した雑穀アマランサスづくりの取り組みがスタート。二〇〇八年には加盟店の皮に使用して販売するようになった。

「すその餃子」は、「市民一万人あたりのギョーザ取扱い飲食店数が日本一多い」というあるアンケート結果にもとづき、餃子による町おこしが提案され、特産品のモロヘイヤを皮に練《ね》り込んだ緑色の水餃子を開発し、二〇〇八年（平成二〇）に優良地域ブランド「すそのブランド」に認定している。

岡山県津山市では産学官民が協力して「津山ホルモンうどん」や「津山ロール」といった地域の食材を組み合わせた特産品づくりに力を入れてきたが、それに続く新たなメニューとして餃子をとりあげて開発し、二〇一一年（平成二三）に「津山餃子」としてPRに乗り出した。揚餃子や蒸餃子・焼餃子・変り餃子もあるが、お約束事は「津山産小麦で作った皮を使用、津山の特産品を一品以上使用、原材料は国産限定」であるが、一番の目的は、地元産の小麦の生産・消費拡大である。「さんようタウンナビ」（山陽新聞webNews）二〇一二年（平成二三）二月一日号によれば、岡山県におけるご当地餃子として、「津山餃子」は「倉敷餃子」（二〇〇八年一一月発売）に続く二番手で、それに続くものとして二〇一二年一月には「岡山餃子」が岡山駅前商店街にお目見えし、県内でもご当地餃子が次々と登場しているという。

前後するが、日本各地の餃子が食べられるフード・テーマパークとして、二〇〇二年（平成一四）

七月に東京・池袋に「餃子スタジアム」（株式会社ナムコ）がオープンした。餃子が日本に普及しはじめた昭和三〇年代（一九九五～六五）頃の街並みが再現されたスペースに全国の有名餃子店一一店舗（二〇一二年一月現在）が軒を連ね、一〇〇種類の餃子を楽しむことができる。ラーメンやスイーツとともに、餃子もさまざまな特徴を打ち出しながら消費や集客が見込めるエンターテイメント性を

お目当ての餃子を食べるために行列する人々

ご当地餃子のマスコット・キャラクター

目立つ店舗で差別化を図る

図７　第２回全国餃子まつり
（2011 年 10 月 22・23 日／津市にて開催）

図８　名物「円盤餃子」
（2012 年 10 月 13・14 日／福島餃子万博にて開催）

持つ食品・料理の一つであるということを示していよう。

餃子で町おこしをしている全国の団体が集まり、二〇一〇年一〇月には初めて「全国餃子サミット&全国餃子まつり」が浜松で開催された。翌年には第二回目が津市で開催され、餃子で地域おこしを実践している全国二四の個人・団体が参加した。開催二日間で、来場者は予想された三〜四万人をはるかに越える一二万人だったという（図7）。二〇一二年には震災からの復興を目的として福島市が会場に選ばれ（図8）、二〇一四年まですでに開催地が決まっている。

ご当地各地・各店の餃子はこうしたイベント以外に、ネットで取り寄せできるものも多く、自宅にいながらその味や話題を楽しむことができるが、上記のほとんどの団体は、他のご当地グルメ同様に、加盟している店舗のマップを作成し、集客を期待している。誰もが簡単にイメージでき、手軽に食べられる餃子は、地元のさまざまな特産品を包み込みながら、地域おこしのメニューの一つとして、あらたな役割を担いはじめている。

3　海外における日本の餃子

外食は新しい味を知るきっかけとして大きな役割を果たしているが、近年、中国大陸へも日本の外食産業が相次いで進出している。

二〇一一年六月二〇日放送のNHKクローズアップ現代「〝アジアの舌〟を攻略せよ」によれば、

図9　中国に進出している〈餃子の王将〉のラーメン・餃子セット（大連・風光街店）

二〇一一年五月末現在、中国大陸に進出している日本の外食チェーンは六四社にのぼる（日本貿易振興機構調べ）。その一つ、日本国内最大手のチェーン店〈餃子の王将〉（図9）は、二〇〇五年に大連店をオープンし、六店舗まで展開したが、二〇一〇年にはそのうち二店が経営不振による撤退を余儀なくされたという。その理由について王将側は、日本では人気の焼き餃子が現地では受け入れられなかったこと、そして一人向け定食メニューというものが、中国の外食文化——家族や友人など大勢でたくさんの料理を注文して取り分けて食べる、という面に合わなかったと分析している。インターネットのレストラン評価サイトをみると、〈餃子の王将〉に関する書き込みは（大連・新瑪特店に限定）一〇件程度と少なく、そのすべてが餃子に言及しているわけではないが、味は三点満点中、最低の一点が七つ、二点が三つで評価は低い。「日本式餃子といっても何の特徴もない」「焼餃子はあぶらっこい」「まずいともいえないがおいしくはない」といった辛辣《しんらつ》なコメントがみられる[16]。

比較的人気がある日本式ラーメンに対して日本式餃子は、本家本元の人々にとっては、高い金を払ってまでわざわざ食べに行くような新規性もおいしさも感じられない、ということであるが、ここに日本式に変換された味や特徴的な食事様式が、顕著に浮き彫りにされていることを再確認できよう。

中国での日本式餃子の普及や浸透は今のところ、まだ日本人を対象とした域にとどまっているのが現状であるが、それと対照的なのはタイであろう。

前川健一氏によれば、タイのクーポン食堂（フードコート）で比較的よくみかける外国料理は日本料理で、そこでよくみかける日本料理は（日本料理店よりも）、タイでもっともポピュラーな日本料理と考えてよいが、そこでの代表的料理がソースやきそばと餃子であると述べている。[17] 主に現地の人々が利用しているフードコートや屋台で、餃子はすでに二〇年以上も前から提供され、タイ人にとってなじみのあるメニューになっている。スシや刺身の人気がその後に続き、タイでの日本食ブームは二〇〇〇年にオープンしたバイキング形式の日本食レストラン「オイシ（OISHI）」に端を発し、一般的なタイ人消費者をターゲットにした日本食レストランは年々増加し、二〇一〇年には日本食レストランの店舗数は一二〇〇を越えているという。[18] タイ在留邦人数の増加、タイ富裕層・中間層の増加などが日本食人気の背景にあると推測されるが、このオイシグループは冷凍・チルド餃子も製造している。「おいしい　ぶたにく　ぎょうざ」とひらがなで書かれたパッケージの餃子がコンビニに並んでおり、レンジで温めさえすれば食べられる手軽さで人気がある。ちなみにオイシ・グループは日系企業ではなく、創業者はタイ人である。

また近年、タイへは日本のラーメンチェーン店がこぞって出店しており、すでに一五〇軒以上のラーメン店がしのぎを削っているという[19]。これはタイにおけるマクドナルドの店舗数（二〇一一年末現在一四七）とほぼ同じであるが、さらに二〇一一年一〇月現在でタイに九〇店舗をもつ「八番ラーメン」（本店・金沢市）をはじめ「山小屋」「桂花ラーメン」「ばんからラーメン」などいずれもがサイドメニュー、セットメニューなどで日本式の焼餃子を提供しており、客の多くがタイ人であることからも、日本式餃子がますます浸透していく可能性が考えられる。

ラーメンはNYでも人気で、二〇一〇年にはニューヨーク・タイムズでも東京のラーメンが特集されたほどだが[20]、餃子は多くの場合、ラーメン店のサイドメニューとして、あるいは他の業態の日本料理店のメニューの一つとして提供されている。日本の「ぐるなび」のようなレストランレビューサイト「Yelp（イェルプ）」でGyozaと検索すると、NYでは三四八軒、ロサンゼルスでは二八九軒の店がヒットした（二〇一二年一月現在）。米国人フード・ジャーナリストのハリス・サラート氏は自身のサイト「The Japanese food report」の中で「おいしい餃子の作り方」で、日本の餃子とChinese dumplingを区別して説明しているが、イェルプでも同様に、日本式の餃子「Gyoza」は中国式餃子とは違うカテゴリーに分類されている。

パリでは二〇一二年一月に、〈Gyouza Bar〉という店がオープンした[21]。メニューは目の前で焼いた日本式の餃子（ポン酢付き）、もやしのあえもの、ご飯、そして飲み物というといわば直球スタイルであるが、好評で、オープンから数か月たっても行列ができている状況だという。

パリの例は別としても、日本のような一汁三菜のおかずやメインディッシュとしてでなくとも、餃子は屋台やフードコートのスナックとして、あるいはさまざまな業態の飲食店のサイドメニューとして、これまで中国の餃子（北方式の小麦粉を皮とする餃子）があまり普及していなかった地域に、少しずつ浸透する可能性を秘めているかもしれない。

（1）本稿は、草野美保「餃子的普及及餃子熱潮的興起」（中国飲食文化基金会『中国飲食文化・基金会会訊』一〇巻三号、二〇〇四）、「日本の餃子——普及と定着」（味の素食の文化センター『vesta』八三号　二〇一一）をもとに加筆修正したものである。

（2）探官繭とは唐、宋代の官僚の家庭で正月に作られた小麦粉食品で、中に官位を書いた紙や木片を入れて将来の出世を占う一種の余興。

（3）とりあげた雑誌は、『料理の友』大正三～昭和三七年（一九一四～六二）、『月刊　食道楽』明治三八～昭和一六年（一九〇五～四一）、『糧友』昭和三～二〇年（一九二八～四五）などである。料理関係以外のものも含めて餃子についてとりあげてある書籍・雑誌については表1にまとめた。

（4）于亜（二〇〇五）「中国山東省における餃子食の意味と地域的特質」『人文地理』五七（四）、人文地理学会、三九六～四一三頁。

（5）趙建民（一九九九）『中国人的美食——餃子』山東教育出版社

（6）呉智英（二〇〇四）『言葉の常備薬』双葉社

（7）金賛汀（二〇〇四）「満州にわたった朝鮮民族」『満州とは何だったのか』藤原書店
（8）尽波満州男『現場時代のジンパ学』掲載、冨山隆氏所蔵資料による。
http://www.geocities.co.jp/CollegeLife-Circle/2248/hamanoya2.html（二〇一一年一月現在）
（9）http://r.gnavi.co.jp/b990000/（二〇一一年一月現在）
（10）二〇〇四年、著者が行ったインタビューによる。
（11）千趣会クック編集部（一九六四）『駅弁パノラマ旅行』㈱千趣会
（12）二〇〇四年五月に行ったインタビューによる。
（13）家電の昭和史「冷蔵庫編」http://www.kdb.or.jp/syouwasireizouko.html（家電月報『ALLE』社団法人家庭電気文化会、平成一八年五月〜同二一年二月掲載）
（14）八幡ぎょうざ協議会パンフレットより。
（15）浜松餃子学会ＨＰ http://www.hamamatsugyouza.com/（二〇一一年一月現在）
（16）http://www.dianping.com/shop/2073541/review_more_3star（二〇一〇年九月）
（17）前川健一（一九九五）『タイの日常茶飯』弘文堂　二一七〜二二三頁。
（18）JETRO　http://www.jetro.go.jp/world/asia/th/foods/trends/1009002.html（二〇一一年一月）
（19）JETRO「タイ・バンコクにラーメン・ブーム到来」（二〇一一年一月）http://www.jetro.go.jp/world/asia/th/foods/trends/1101001.html
（20）「One Noodle at a Time in Tokyo」（二〇一〇年一〇月二六日）
（21）ミシュラン星付きレストランの佐藤伸一シェフがプロデュースした店で、カウンター一二席。（予約を不

可）Restaurant Gyoza Bar 56, passage des Panoramas Paris（75002）

〔参考資料〕

萩谷朴（二〇〇〇）『語源の快楽』新潮社
奥村彪生編著（一九八五）『日本料理秘伝集成　第一三巻　異国風料理』同朋舎
菊池清麿（二〇〇六）『国境の町――東海林太郎とその時代』北方新社
金賛汀（二〇〇四）「満州にわたった朝鮮民族」『満州とは何だったのか』藤原書店
熊倉功夫（一九九九）「日本の食事文化における外来の食」熊倉功夫編『講座食の文化二　日本の食事文化』農山漁村文化協会
呉智英（二〇〇四）『言葉の常備薬』双葉社
田中静一（一九八七）『一衣帯水――中国料理伝来史』柴田書店
田中静一（一九九九）「日本化した中国の食と料理」前掲『講座食の文化二　日本の食事文化』
神京　書舗柳枝軒茨城方道蔵版『舜水朱氏談綺』一七一三年（正徳三）正月再版　茨城多左衛門刊
趙建民（一九九九）『中国人的美食――餃子』山東教育出版社
中川忠英著・孫伯醇・村松一弥編（一九六六）『清俗紀聞』平凡社
馬鳳琴・徐広沢編著（一九九七）『中国餃子五〇〇種』大連出版社
東四柳祥子・江原絢子（二〇〇六）「近代料理書に見る家庭向け中国料理の形成とその受容の特質」『日本食生活文化調査報告集23』日本食生活財団

前川健一（一九九五）『タイの日常茶飯』弘文堂
吉井始子（一九七九）『翻刻　江戸時代料理本集成　第四巻』臨川書店
吉井始子（一九八〇）『翻刻　江戸時代料理本集成　第七巻』臨川書店
米田祐太郎（一九四一）『生活習慣北支篇』教材社

食生活の変遷からみた日本の食の来し方行く末

米屋武文

はじめに

温暖多湿なアジア・モンスーン地帯に位置し、四方を海に囲まれ豊富な山林を有する日本列島は多彩な農林水産物の宝庫で、食材の数は一五〇〇種類にもおよんでいる。米を主食とし、魚介類と野菜を副食とし、大豆や穀類（米、麦）で作った醸造品を調味料としたいわゆる和食が日本料理を代表するものである。過去の長い歴史の中では中国や西欧からの食文化が伝播し、取り入れられた時期を経ながらも、閉鎖的な封建社会が続く中で各地に独自の食文化が形成され、日本全体としてみるときわめて多様な食文化が形成されてきた。多くの年中行事に供される食も折々の四季の変化の中で多様な食文化形成に寄与して今日にいたっている。

しかしながら現代の日本では、高度経済成長とともに農村人口が都市に移り、食料生産が減少し、カロリーベースの食料自給率は一九六〇年代初めに八〇％近くあったものがここ一〇年間は四〇％程度にまで落ち込んでいる。主食である米の消費量も一九六二年の年間一人あたり一一八キログラムから現在では六〇キログラム程度へと半減している。米余りのために、水田の四割が減反の対象となっている。わが国は少子高齢化と人口減少社会が進行しつつあるとはいえ、地球全体では人口が爆発的に増えつつあって世界的には食料増産が求められている現状から遊離している。その他にも、この数十年間の日本の食をとりまく状況の変化として、飢餓から飽食、伝統食の崩壊、外食やファーストフードの隆盛、家族共食から個食、食品産業の巨大化、食品流通のグローバル化などがあり、今後もこれらの変化は加速するであろう。

本章は、日本の食を食材中心として、過去から現在にいたる変遷を振り返り、食をとりまく状況の変化をみることで、これから二〇〜三〇年程度先の近未来の食生活を予見するきっかけとしたい。

1　わが国の食の変遷

縄文時代から今日までの日本人の食に関する代表的な出来事を表1に示した。

原始時代

人類が未だ文明をもたず、原始的な生活をしていた時代の生活は自給自足で、野生動物・魚介類・植物・果実など、食べられるものはなんでも食べていた。火を燃やし、石器を作るなどしていたが、陸続きだった大陸から離れてほぼ現在の日本ができた約一万年前から土器が発明

表1　日本の各時代の食の特徴①(原始時代～近世)

時代	区分	年代	食の特徴
原始時代	縄文時代	1万2～3千年前～2400年前	土器の発明で、調理・貯蔵が可能となった。
	弥生時代	紀元前4世紀～後3世紀中頃	稲作普及と余剰生産物の蓄積。支配者→豪族
古代	古墳時代(大和時代)	3世紀末～7世紀頃	貴族食と庶民食の分離。主食・副食の概念の芽生え。仏教伝来により、肉食から魚介食中心になる。
	飛鳥時代	6世紀末～7世紀前半	主食は玄米。箸はまだ使わず。2回食。肉食はたびたび禁止された。
	奈良時代	710～784年	牛乳から蘇(そ)を作った。
	平安時代	794～1185年	貴族食の形式化・儀式化。視覚を重んじる日本食の性格の基礎。食生活にあまり関心をもたないのがよいという風潮。木製の箸の使用。
中世	鎌倉時代	1185～1333年	2回食から3回食。精進料理の発達。
	室町時代	1336～1573年	3回食の定着。米の増産と主食化。武士の饗応食としての本膳料理の発達。
近世	安土桃山時代	1568～1600年	町人文化のめばえと海外(南蛮)貿易によって豊富な食材と新たな調理法が輸入。茶道の発達と懐石料理(1汁3菜)。
	江戸時代	1603～1867年	本膳料理の完成(1汁3菜から3汁11菜まで)。町人の饗応膳としての会席料理、普茶料理とよばれる精進料理。和食の完成。

され、食物を煮て食べることや貯蔵が可能となり、衛生的で美味しく食べられるようになった。また、固い植物や肉をやわらかくしたり、どんぐりのアクを抜いたりすることも可能となった。縄文時代は一万年もの長い時代で、初めの頃と終わりの頃とでは生活の様式も内容もかなり変わっている。縄文時代前期には気候が温暖になり、食料が豊富になり、少なくとも後期（四千年前頃）には畑での稲作が行われていたようである。交換によって遠隔地から入手した塩漬けや薫製《くんせい》、干し貝、木の実の粉などの保存食もあった。表2に縄文時代の食料を示したが、想像以上に豊かな食生活で、現在食べられている食材の多くがすでにこの時代に食べられていたことがわかる。縄文時代の有名な遺跡には青森県の三内丸山遺跡がある。貝塚はこの時代のゴミ捨て場の跡で、貝類だけでなく、獣や鳥、植物の種子、壊れた道具、土偶などいろいろなものがでてくる。

紀元前三世紀頃に水稲耕作による稲作技術をもつ集団の移住によって大陸から伝わった稲作は、北九州から東海・関東・東北地方にまで広がり、弥生時代（縄文晩期ともいわれる）からは本格的な水田が作られるようになった。稲作の始まりが、これまでの生活や社会を大きく変える要因となった。稲作は大規模な地域集団（ムラ）による共同作業で行われ、余剰生産物が生み出せるようになった。それまでは私有財産の概念のない平等社会であったが、弥生時代は水や土地をめぐってムラ間の戦いが起こるようになり、富を支配した有力者が豪族となり、各地に小さなクニができていった。民衆は竪穴式住居に住み、米を蓄える高床式倉庫が建てられた。写真1は弥生時代中期の静岡県静岡市の登

表2　縄文時代の食物

植　物	穀　類 豆　類	あわ、ひえ、きび、米、そば、えごま、りょくとう
	野菜類	ごぼう、あぶらな、さといも、えびいも、ながいも、みょうが、しょうが、うど、たら、ふき他
	果実類	くり、やまぶどう、きいちご、あけび、またたび他
動　物	獣　類	いのしし、しか、たぬき他
	鳥　類	きじ、かも、うずら、すずめ、つぐみ他
水産物	魚介類	たい、ひらめ、あなご、めばる、まぐろ、かつお、いしもち、ふぐ、さば、いわし、あじ、さわら、いか、たこ、えび、かに、しゃこ、くじら、いるか、ふな、うなぎ、あゆ、ごり、やつめうなぎ、はや、うぐい、ぼら、さけ、ます、やまめ、いわな、さわがに、はまぐり、あさり、かき、あかがい、まてがい、みる貝、ばかがい、ばいがい、ほらがい、しじみ、たにし他
	海藻類	わかめ、ひじき、こんぶ、てんぐさ他
調味料他		ひしお、しお、かんぞう、酢、魚醤、酒、わさび他

（参考文献『食生活論』より筆者作成）

写真1　弥生時代の竪穴式住居と高床式倉庫
（登呂遺跡／静岡市）

呂の遺跡である。
弥生時代の食料のかなりの部分は縄文時代の延長線上であったが、狩猟のための弓矢が発達し、後期には鉄の矢じりも発明された。土器には、煮炊き用のかめ、貯蔵用の壺、食べ物を盛るための高坏《たかつき》と鉢が使われた。また、高坏、鉢、ひしゃく、匙《さじ》は木製のものも使われた。調理法としては、焼く、炊く、炒《い》るの他に、各地の遺跡から甑《こしき》が出土し、蒸すことが行われていたことがわかっている。酒は米を発酵させた濁酒が作られ、主として神祭やハレの儀式にのみ飲まれたようである。食事は朝夕二回で、一回の食事に一時間もかけていたといわれている。

古代

有力な豪族は、近畿から瀬戸内海沿岸に今でいう古墳を造った。大和国家の王は四世紀後半から五世紀には各地の王を従え、大王と呼ばれ、のちの天皇となった。六世紀半ば頃に仏教が大陸から渡来したが、仏教の五戒の一つである殺生《せっしょう》禁断の思想の影響で、肉食が次第に減っていった。古代は、原始時代のあとを受けて、封建社会には進んでいないものの、文明と階級とが成立していく時代である。縄文・弥生時代のような自分たちが獲得した食料の自由消費ができなくなり、支配階級の管理下におかれていった。このような社会背景のもとで、貴族は遣隋使・遣唐使が伝えた大陸風の裕福な食事の一方、庶民は租・庸・調などの重税に苦しみ雑穀中心の貧困な暮らしをおくった。稲作は田植えの技術が導入され、農具には鉄製部品が使われ、農作業の能率向上と収穫量の増加がみられた。しかしながら、支配階級の管理下に置かれた米は一般庶民には手に入りにくいものとなっていった。食事の回数は、貴族・官吏は朝夕二回、一般庶民は労働の量に応じてそれ以外に間食《かんじき》という中食《ちゅうじき》を摂《と》った。

米は粥《かゆ》として食べることが多く、加水量によって固粥《かたがゆ》と汁粥《しるがゆ》があった。行事食としては、甑《こしき》で蒸した強飯《こわいい》もあった。

また、保存食としては焼米《やきごめ》とうるち米を蒸して乾燥させた糒《ほしい》があった。乳製品も大陸から伝わり、牛乳を煮詰めてかゆ状にした酪《らく》や酪をさらに煮詰めて固形になった蘇《そ》が肉を食べない貴族の間で食べられた。日本人の代表的調味料の味噌は奈良時代の文献に未醬として登場している。端午の節句や七夕など、ハレの日の特別な料理も誕生した。

平安時代

遣唐使が廃止（八九四年）された平安時代には、過去に伝わった唐風文化を消化しながら日本の風土や生活感情に合った新しい独自の国風文化が生み出されていった。天皇に代わって政治の実権を握った貴族は仏教の影響を受けて年中行事や儀式を重んじ、何事にも吉や凶を考え、方位や日柄《ひがら》などによって、日常の生活が規制されるようになっていった。このことが食生活に与えた影響は大きかった。元旦の行事、三月の節句、五月の節句、七夕、お盆、十五夜など、儀式的・形式的な食生活をもたらし、これが見た目の美しさを重んじる日本食の性格の基礎となっていったと考えられる。貴族の食生活は庶民の大きな犠牲の上に成り立っていたが、それでも、食生活にあまり関心をもたないのが良いという風潮が生まれ、出された料理に少しだけ箸をつけて、あとは片付けてしまうという習慣も形成されてきた。主食と副食の形態がはっきりしてきたのもこの時代である。唐の影響で、麦を麺にして食べるようにもなった。茶を飲む習慣と茶の製法は平安時代に遣唐使によってもたらされた。当時の中国茶は今の烏龍茶に似た団子状の半発酵茶と考えられ、この茶の色が現代人のいうところの茶色である。しかしながら、嗜好品《しこう》というより薬としてとらえられた当時の喫茶は定着しなかった。

鎌倉時代

武士が政権を握った鎌倉時代には、戦陣食として、干物・海藻・梅干しなどの保存食が発達した。また、武術の鍛錬としての狩猟で獲れた鳥獣も貴族と違って食べた。鎌倉初期には仏教の殺生戒律が広まり、肉・魚介は使わずに、穀物・野菜・海藻だけの精進料理が禅宗寺院から始まり発達・普及した。貴族は二回食だったが、戦場での激しい労働をする武士は三回食を摂るようになっていった。斜陽階級となった公家は、なお形式にしばられた故事に明け暮れながら、しだいに細っていった。玄米中心の質素ながらも健康的な食生活の武士に比べ、公家は食品の種類の偏《かたよ》りによって身体の不調を訴える人が増えた。

室町時代

鎌倉武士の食生活は質素であったが、室町時代になると公家と武家文化の融合がはかられ、将軍や守護大名の食生活は優雅なものとなり、多くの流派による日本料理の家元が誕生し、さまざまな食事作法ができた。武士の饗応食としての本膳料理が発達した。貴族の伝統を継承した本膳料理は複数の御膳に数多くの料理を決まった位置に置き、食べ方も手順が決まった形式ばったものだった。室町時代には日本人の食事に欠かせない味噌汁が作られるようになり、室町時代中期以降には醤油が普及した。米は増産され、主食化していった。鎌倉時代に禅宗とともにもちこまれた抹茶が禅宗の広まりによって精神修養的要素を強めて広がっていった。三回食はこの時代に一般の人々にも定着していった。

安土桃山時代

安土桃山時代になると、宗教から離れた町人文化が芽生え、南蛮貿易で輸入された作物、食品、調理法も食生活に大きな影響を与えた。南蛮貿易によって渡来した農作物には、かぼちゃ・とうがらし・さつまいもがあり、食品には、カステラ・ボーロ・コンペイトウ・ビスケット・パンなどがある。すいか・とうもろこし・カリン・じゃがいもは少し後の江戸時代に渡来したとされている。

安土桃山時代には千利休に代表される茶道が発達した。素朴と静寂を旨とし、亭主と客との心的交流を重視して生まれた「侘び」の精神はのちの日本人の美意識の形成に大きな影響を与えたとされている。茶道の発達にともなって、宴会料理よりは簡素でありつつも見た目や味を重視して楽しんで食べる饗応食（一汁二菜または一汁三菜）としての懐石料理がおこった。懐石料理の始まりは、茶を楽しむ前に空腹を和《やわ》らげるために出された簡素な食事で、厳しい修行中の僧侶が空腹を紛《まぎ》らすために懐に暖めた石（温石《おんじゃく》）を入れたことに由来する名称である。動物性の素材も使う点が精進料理とは異なっている。濁り酒を濾過《ろか》した清酒も造られるようになった。携帯食を入れる弁当箱はこの時代に登場した。

江戸時代

江戸時代になると、室町時代からの武士の饗応食である本膳料理が完成し、大名や上級武士の饗宴食として活用された。一方、この本膳料理は汁と菜の数によって一汁三菜から三汁一一菜まで多くの種類があるうえに形式的かつ煩雑で、会話の楽しみがなくて緊張を強いられるものであったことから、町人の間では酒宴向きで味覚本位の会席料理が饗応の膳として盛んになっていった。用途別に固定された陶磁器を使う会席料理の様式は、日本料理の主流となって今日まで引き継がれている。その他に、中国から伝わり、それまでの日本料理にみられなかった様式として、何人かがわけへだてなく大きな食卓を囲んで大皿に盛られた料理を自由に食べる普茶《ふちゃ》料理とよばれる精進料理や、同様に上座も下座もない円卓を囲んで談笑しながら食事する形式の長崎で生まれた卓袱《しっぽく》料理があげられる。

江戸時代は、年貢米を貨幣に換えての商品経済が発達し、飲食店も繁栄した。高級料理以外にもうどん・そば・鮨・天ぷら・蒲焼きなどの屋台が普及し、庶民も食を楽しむことができた。特に、単身者の多かった江戸では外食産業が栄えた。調味や色づけのための醤油が多用され、かつお節や昆布で出汁をとる技術も発達し、現在の和食といわれるものはこの時代にほぼ完成したといってよい。また、砂糖の普及によって米を使った甘い和菓子が食べられた。ももんじ屋などでは牛肉などの肉食も行われた。当時食べられた山くじらとは猪の肉のことである。

明治時代　封建社会が終わった明治時代には肉食禁止令が廃止された。洋食が普及し、肉食の食生活への取り入れとパン・牛乳が普及した。コーヒー・紅茶・洋酒も飲まれるようになった。

大正時代　大正時代には、カツレツ・コロッケ・ビフテキ・ライスカレー・パンなどの洋風食が普及した。また、家庭においては鎌倉時代から続いた銘々膳から卓袱台《ちゃぶだい》（飯台）を使うようになって、食事の場が団欒《だんらん》の場へと変わっていった。

昭和前期　昭和前期では、大正時代に続く洋食の普及とともに洋食店が増え、市場経済の進展にともなって増加したサラリーマンを対象とした簡易食堂も流行した。また、中華料理が大衆料理に加わって普及した。

昭和後期から平成まで　第二次世界大戦後の昭和後期は、敗戦による食糧難・飢餓からの脱出の時期があったが、その後の経済と食料事情の急速な回復によって国民の食事内容は大きく変化した。それまでの米を主食とし、魚介類と野菜を副食とした食事内容から、主食が減って乳・肉・卵の動物性食品や油脂類の消費が大きく伸びた。いわゆる食の欧米化である。食の中身はそれだけにとどまらず、今や世界中の料理が国内に居ながらにして食べることができるグルメと飽食の時代である。この間、インスタントラーメン・インスタントコーヒー・レトルト食品・冷凍食品の普及による食の簡便化が進展した。女性の社会進出が食の外部化を押し進め、外食産業も大きく成長を遂げた。

一方では、食の生産現場と消費の距離の拡大からくる安全・安心への不安、栄養の過剰摂取による

表3　日本の各時代の食の特徴②(近代〜現代)

時代	区分	年代	食関連事項
近代	明治時代	1868〜1912年	牛乳、パンの販売。肉食。洋菓子(ビスケット・キャンディ・チョコレート)。コーヒー・紅茶の販売。一膳飯屋から高級料理屋まで外食の拡大。
	大正時代	1912〜1926年	洋風食(カツレツ・コロッケ・ビフテキ・ライスカレー)の普及。銘々膳から卓袱台へ。
	昭和前期	1926〜1945年	支那料理の普及。サラリーマン・専業主婦の増加と洋風食生活の進展。ライスカレー・ハヤシライス・ハムライス・チキンライスが普及。
現代	昭和後期	昭和20年代	飢餓からの脱出、牛乳普及化、食の洋風化、加工食品化
		昭和30年代	米離れ化、飽食・肥満のきざし、食品公害化。
		昭和40年代	米の見直し、本物・自然・ヘルシー志向と食のTPO化
		昭和50年代	食の外部化・簡便化、健康志向(減塩・減糖)、食文化・グルメ志向
		昭和60年代	健康志向・自然志向進展
	平成時代	平成初期	家庭内食化とメニューのエスニック化・低価格化
		平成10年代	飽食市場での食品戦略、レトロ&和風

生活習慣病の増加、核家族化と少子高齢化にともなう孤食・個食と家族の団欒・絆の崩壊などの問題が生じている。食品加工技術が進歩して、美味しい加工食品や簡便食品が普及しつつも、昔からの地域に残る伝統食が復活するという二極化現象がみられるのも平成時代の特徴である。

日本におけるこれまでの食の変遷について本来はさまざまなアプローチと膨大な知識を必要とする作業を大胆にも限られた紙数のなかで概観してきたが、これからも変化するであろう日本の食の近未来を予測し、あわせてあるべき姿を展望しておくことはきわめて重要であるとの視点から、現在起こっているいくつかの着目すべき食に関連する問題をとりあげ、近未来の食を考察する材料としたい。

2　食をとりまく諸問題

1日本・世界の人口と食料問題

国立社会保障・人口問題研究所は、二〇一〇年のわが国の一億二八〇六万人の人口は今後五〇年間で四一三二万人（三二・三％）減少するとの予測を行っている。一方、国連食料農業機関（ＦＡＯ）は、二〇一一年に七〇億人に達した世界人口は二〇五〇年には九一億人に増えるとの予測から、世界食料生産を現在の七〇％増やす必要があるとの試算をしている。地球上のすべての人が肉食中心のアメリカ人並みの食生活をすると二三億人、ヨーロッパ人並みで四一億人、穀物を主食とする日本人並みで六一億人しか生存できないといわれていることを考えると、妥当な指摘といえる。さらに世界経済の牽引役《けんいん》を担って成長著しい新興国での食肉需要の高まりも、家畜飼料用の穀物需要増加に拍車をかけている。食肉を生産するには、餌《えさ》としての穀物が牛肉一キログラムにつき一一キログラム、豚肉一キログラムにつき七キログラム、鶏肉一キログラムにつき四キログラムも必要とされている。人口減少社会に入った日本だけをみると、食料増産の必要性を叫んでみても疑問に感じる人も多いかも知れないが、グローバルな視点でみればわが国においても食料を増産して世界の食料不足問題解決に貢献すべきであろう。また、日本の個別事情として、先進国では食料自給率が最も低いという問題がある。一九六〇年初頭にカロリーベースで八〇％近い水準にあった食料自給率は低下し続け、過去の一〇年間は四〇％位で低迷したままの状態である。付加価値の高い工業製品を輸出して、安い農産物は海外から輸入すれば良いという考えで高度経済成長を遂げてきたが、今後はこの考え方は通用しなくなる可能性が高い。急速に経済力を高めつつある新興国との競合や、すでに一部の水産物では買い負けの現象も出つつあるのが現状である。かつて、フランスのシャルル・ドゴール元大統領は「食料の自給できない国は独立国ではない」といって国家戦略として農業の保護育成に注力し、食料自給率が先進国でもオーストラリア（二三七％、二〇〇三年）、カナダ（一四五％、同）、アメリカ（一二八％、同）に次いで高い（一二二％、同）農業国となっている。日本政府は今後一〇年で食料自給率を五〇％に上げる目標を掲げているが、食料安全保障上の観点からは七〇％程度にまで上げるのが理想といえる。

2 食生活の変化

近年の食生活の変化のキーワードは洋風化あるいは欧米化ということで、主食である米消費が減少し、肉・卵・乳を使った畜産食品の生産および消費が増加したことである。例えば米消費は、昭和三七年（一九六二）の国民年間一人あたり一一八キログラムだったのが、その後の四〇年の間に約六〇キログラムにまで半減した。一方、畜産食品は年間一人あたりの生産量でみると昭和三五年（一九六〇）から平成八年（一九九六）の四〇年弱の間に飲用牛乳は三・八倍、バターは五・三倍、チーズは一六倍増加し、ハム・ソーセージ・ベーコンを含めた食肉加工品は昭和四〇年（一九六五）から平成八年（一九九六）の三〇年の間に三・三倍も増加した。図1は、三大栄養素であるたんぱく質（Pro-

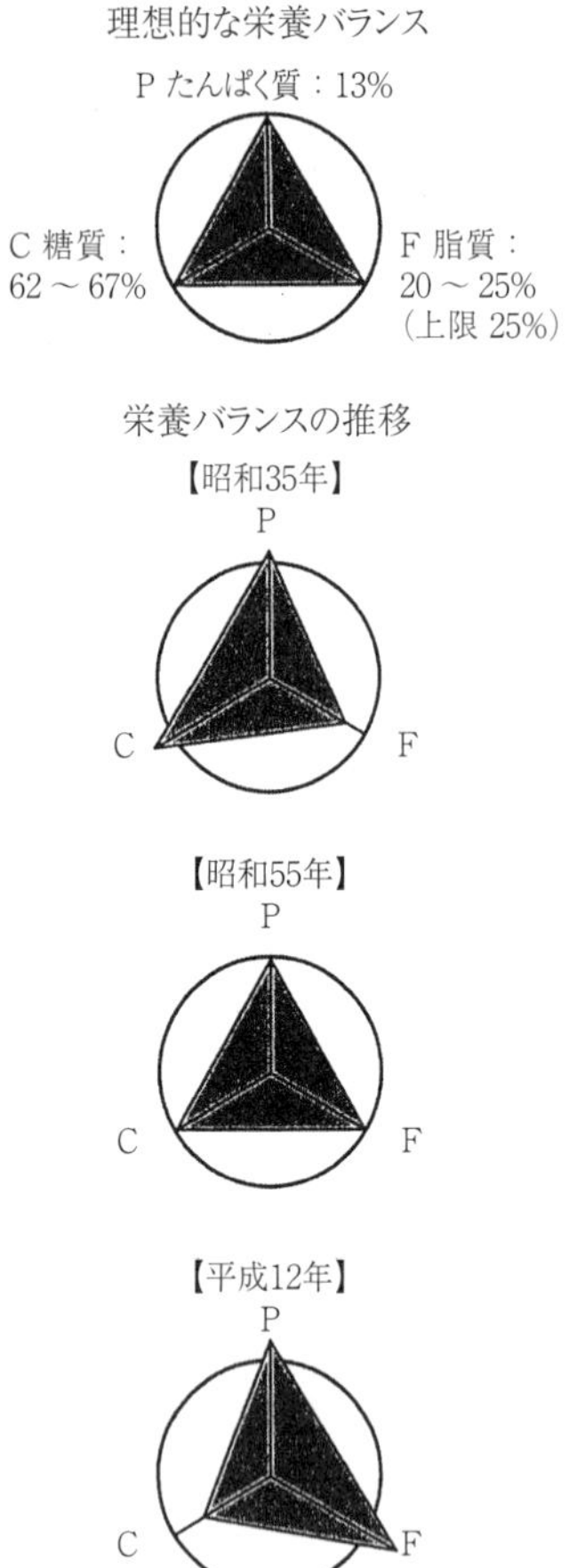

図1　栄養バランスの推移
（厚生労働省「国民栄養調査」）

tein)、脂質（Fat）、炭水化物（Carbohydrate）の摂取熱量比率（ＰＦＣ熱量比率）を昭和三五年（一九六〇）・昭和五五年（一九八〇）・平成一二年（二〇〇〇）について比較したものである。理想型としては、たんぱく質一二～一三、脂質二〇～三五、炭水化物（糖質）六二～六七とされており、図中の昭和五五年頃がそれにあてはまっている。それより前の昭和三五年は炭水化物（主としてご飯）、平成一二年では脂質（主として動物性食品・油脂類など）の摂りすぎがみてとれる。現代の若者の間では脂質摂取量がこれをはるかに上回っている人も多く、国は適正比率の二五％に下げる目標を立てている一方、不足気味の炭水化物についてはより多くの穀類の摂食をよびかけている。

3 食の簡便化

簡便化も現代の食を考えるキーワードの一つである。高度経済成長を成し遂げて先進国の仲間入りを果たし、それまでの仕事優先の生活から、生活回帰・余暇重視へと国民の意識がシフトする中で食に対する関心はますます高まっており、一九八〇年代以降は文化そのものとして認識されるようになっている。しかしながら一方では、食を供給する側の食品産業界においては、一九九〇年代初頭のバブル崩壊と今日まで引き続く景気低迷、人口の伸び悩み、高齢化社会の到来により消費総量の拡大が期待できないという大きな壁にぶちあたっている。家計における食料費の伸びは消費支出の伸びを下回るという状況が続いている。こうした中でも消費が伸びているのが外食と調理食品・惣菜《そうざい》のいわゆる中食といわれる加工食品群である。この現象の背景としては、女性の社会進出などライフスタイルの変化により持ち帰り需要が増大していること、高齢化社会で単身家族が増え、食事をバラエティ化するためには少量多種の持ち帰り惣菜に頼らざるを得ないなどの環境変化がある。女性の職場進出の中でも高年齢主婦の有業化の進展がある。四〇代後半女性の八割近くが就労している。戦後の経済復興の中、経済的に許されるなら女性たちは専業主婦を志向し、一九七五年には五一・八％と最高になった。しかしながら、女性の立場は変化し続け、一九八二年には五〇％を割った。専業主婦は少数派となり、多数派は兼業主婦で、「夫は仕事、妻は家庭」という役割分担は変化している。こうしたことから、有職女性の炊事にかける時間は、当然のことながら、家庭婦人と比べると少ない。それに加えて、主として家事に従事している家庭婦人においても炊事時間が年々減少しているという傾向もある。この炊事時間の減少に由来する加工食品利用の増加は全ての女性に共通した現象といえる。

次に、核家族化・高齢化にともなう住居形態の変化も食の簡便化の一要因である。都会への人口集中によって核家族化は進行し、家族が少なくなれば炊事も短時間ですませることが可能となる。また、高齢者世帯の増加も、調理意欲の減退から、出来合いの食品に依存する度合いを高めている。

食の簡便化のさらなる要因として、生活（調理）技術の世代間の伝承が消滅しつつあることもあげられる。原材料から手作りで料理を作るには時間と技術が必要であるが、その生活技術の伝承のメカニズムがすでに壊れている。昔は嫁にいけば姑がいて、嫁姑の確執はあったものの、生活技術は確実に伝承されていたが、現在はそうでないケースの方が多い。また、昔は家事に参加した子供たちも、勉強部屋に追いやられてしまった。例えば、魚屋で魚を買ったさいに調理法を教わるといったことがほとんどなくなったのである。もともと日本の伝統食でないものは加工度の高い食品を取り入れても心が痛まないということはあるが、日本の伝統食品においても、漬物は買って食べるものとなったし、みそ汁のだしは、かつお節やイリコなどの天然ものからとる人は少数派で、風味調味料を使う人の方が多いし、刺身も丸のままの魚をおろす人はまれとなって、盛り合わせを買ってくるのが主流となった。「手作りこそ妻の愛、母の愛」であるという考え方が、長い間、日本の家庭を支配してきた。手作りを忘れたときから、家族の絆は崩壊し、健康は蝕《むしば》まれる、かのように思われてきた。しかしながら、現在は手作りには戻れないところまできている。愛は、台所にこもってお料理することにあるのではなく、一緒に食卓を囲んで楽しむことにある。食事は、家族間コミュニケーションのツールである。「女性の社会進出は止められないが、さりとて家族と家族の絆は大切にしたい」——これを両立させるためには、家族で楽しめる調理食品、惣菜の利用が必要になるというわけである。①働く主婦の増加、②アラカルト派の増加、③家族参加のクッキング、④孤食・個食化、⑤生活技術の消滅といった事象が家庭料理の簡便化の方向を示している。自分の家を手作りで建てる人はまずいないし、自分の衣服を自分で縫《ぬ》う人もまれである。衣・食・住のうち、住と衣はほぼ完全に社会的供給に委《ゆだ》ねられており、文明生活のこれらの領域においては、住と衣の社会的分業は完了した。二一世紀のこれからの家庭料理は、ますます下ごしらえや調理の過程を外部に依存した食品を求めていくものと考えられる。

こうして、生活技術を持たない人々の手作りは、生活技術を持っている人の手作りとは違ったものに変化し、加工食品を手作りと信じて疑わない世代をも登場させるにいたっている。生活技術の伝承が困難になるとともに食の簡便化は進行してゆき、簡便化を取り入れた人々は生活技術を忘れていくというのが現状である。

4日本の家族構成

平成二二年度（二〇一〇）の日本人の平均寿命は女性八六・三九歳、男性七九・六四歳であった（厚労省）。女性は二六年連続の世界第一位、男性も世界第四位で、男女合わせた平均寿命は八三歳で、調査した一九三か国中一位であった（ＷＨＯ）。その要因としては、医療技術の進歩、社会の成熟化、人々の健康に対する意識の変化、経済発展等さまざまなものが考えられるが、とりわけ日本が長寿国である所以はやはり日本食の影響が強いと考えられている。一方、先進国の特徴ともいえる少子高齢化が進み、将来の人口減少も深刻な問題として認識されつつある。既述したように国立社会保障・人口問題研究所は、二〇一〇年の人口一億二八〇六万人は五〇年後の二〇六〇年には四一三二万人（三二・三％）も減少して八六七四万人になるとの予測を公表した（二〇一二・一・三〇）。同時に、六五歳以上の高齢者の割合（高齢化率）は、二〇一〇年の二三・〇%から、二〇六〇年には三九・九%に増えるとした。二〇〇五年には、女性一人が生涯に産む子どもの推定人数を示す「合計特殊出生率」が過去最低の一・二六を記録した。また、総人口は二〇〇六年をピークとして徐々に減少するが、総世帯数は二〇一五年あたりまで増加を続けるとの予測がある。このことは、小規模世帯の増加を示すもので、総務省の二〇一〇年国勢調査の「一%抽出速報」によると一九二〇年の調査開始以来初めて五千万世帯を超えた。一人暮らし世帯は一五八八万五千で、総世帯数の三一・二%を占めた。五年前の前回調査まで最も多かった夫婦と子どもの世帯は一四五八万八千（二八・七%）へと微減した。家族人数別でみると、一九九〇年の調査から一人暮らしが最も多くなっている。夫婦と子ども二人を標準世帯として扱うことが通常であったが、これからはさまざまな分野において単身世帯を重視していかなければならない時代の到来である。

これから五〇年後にわが国の総人口は現在の約三分二に減少し、高齢者が約四割に達するという未来像である。食品産業、旅行業、家電メーカーなどでは、「おひとりさま」向けの商品開発も進みつつあるが、高齢者一人を現役世代一人で支える社会の厳しさという現実もあり、対応できる諸制度の構築が喫緊《きっきん》の課題となっている。

5 食と健康

人間は、冠婚葬祭をはじめとして人と人、集団と集団を結びつけるためのさまざまな場面において食べるという行為を行っており、それは文化の中の一部として組み込まれていたり、それ自体が文化であったりもする。一方、食品科学の分野では、食のもつ三大機能として、身体構成素材およびエネルギー源としての栄養機能（一次機能）、味覚や物性にかかわる感覚機能（二次機能）、生体調節機能（三次機能）の三つを位置づけしている。いずれも人の健康にかかわるものといえるが、現在、研究の中心となっているのは食品に含まれる微量成分による分子レベルでの生体調節機能の解明と健康向上への活用という三次機能関連領域である。

戦後の驚異的経済成長を成し遂げ、世界トップクラスの長寿国となった今日ほど「健康願望」の想いが熱く、そして商品として「健康」が高値をよんでいる時代はない。「食べて健康」は医食同源という言葉にみられるように、食に求める最も根源的役割といえるものであるが、高齢化社会に入って、健康長寿への国民の願望とともにヘルシーをうたった食品の人気が高まっている。ココアが体によいというテレビの健康番組をみると食卓からコーヒー・お茶が消えたり、バナナがよいといえば、おやつは手作りバナナチップが続く。ゴマのときには料理はすべてゴマ入りになり、晩酌はビールに代わって赤ワインといった世の健康ブームの旬がわかるような極端な家庭もあったようである。食品を供給する側も、既存の食品とか新商品とかに関係なく、健康という付加価値（情報価値）を消費者に

提示できるか否かが売上げに影響する状況になっている。この傾向は今後もずっと続くであろう

この背景には、食の洋風化が進展し、穀物中心の食生活から、肉料理・油料理を多く摂《と》る食生活に転換し、米や芋の代わりに肉・卵・牛乳などの動物性たんぱく質や油脂を多く摂るようになったことが主な要因となる生活習慣病の増加という現象がある。以前は成人病といわれていた疾患群であるが、若年層にもすでに患者であったり、将来罹患するであろう予備軍が増えていることから生活習慣病と名称変更されたものである。その定義は一九九六年の公衆衛生審議会で「食習慣、運動習慣、休養、喫煙、飲酒などの生活習慣が、その発症・進行に関与する疾患群」とされ、高血圧・高脂血症・肥満症・耐糖能異常・癌・高尿酸血症・心筋梗塞・脳血管障害など主として中年以降に多く発症する疾患群の総称である。厚生労働省の平成一九年（二〇〇七）動態統計によると死因の三〇・五％が癌、一五・八％が心疾患、一一・五％が脳血管疾患で、これらの三大疾患で死因の約六割を占めている。中でも癌の死亡者数の年間約三五万人は圧倒的に多く、毎年一一五万人強の人が亡くなっているので、日本人の三人に一人が癌で亡くなっている計算になる。また、年々癌になる人が増え続け、現在、年間六五万人が新たに癌と診断され、一五〇万人が治療を受けている。多くの先進国で癌による死亡は減少に転じ、アメリカでは一九九〇年代から癌死亡者数は減り続けている。日本は癌の罹患率・死亡率ともに世界一の癌大国となっている。日本人のほぼ二人に一人が癌になると推計されている。

一九八一年以降、日本人の死因のトップを占める癌であるが、禁煙で三〇％、食生活の工夫などで

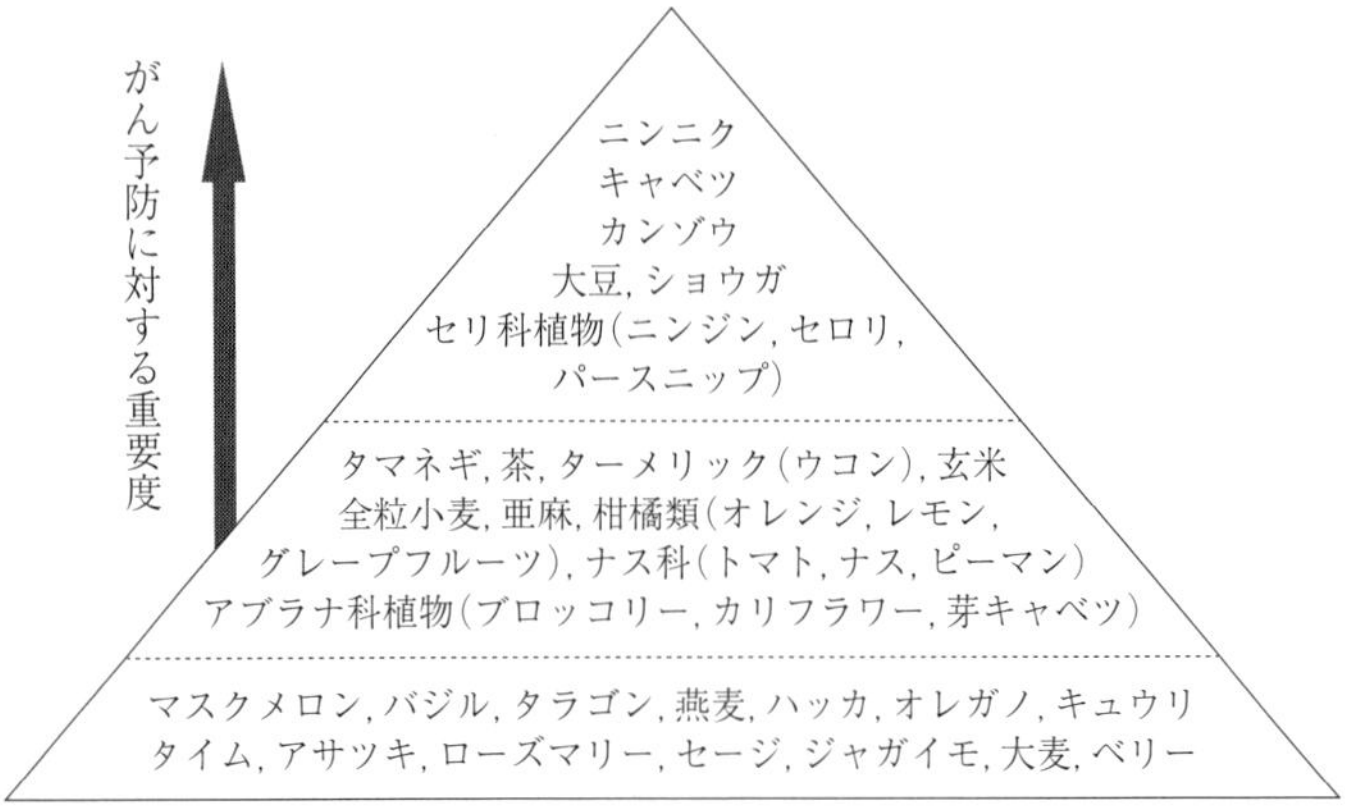

図2　米国デザイナーフーズプログラム(食品の抗ガン作用の研究)で癌予防に有効と評価された野菜や果物

さらに三〇%と、合計して約六〇%が防げるだろうと考えられている。幸いなことに厚生労働省の国民健康・栄養調査によると、二〇一〇年の成人喫煙率は過去最低の一九・五%に低下した。二〇一三年度からの次期健康づくり計画に、「二〇二二年度までに喫煙率を一二・二%以下にする」との目標値を掲げ、次期癌対策推進基本計画にも同じ目標値を盛り込むとのことである。未来の人が、昔の人が煙草を吸って口から煙を吐いている写真や絵を見て、不思議に思うようになって欲しいものである。図2は、アメリカ国立癌研究所が中心となって一九九〇年から五年間「人間の健康維持にどのような食品が機能を果たすのか」を目的に研究を行い、癌予防に重要な野菜や果物をまとめたものである。また、世界保健機構（WHO）は二〇〇三年に、「食物、栄養とガン予防」という報告の中で、成人期での体重の維持（特に痩せを避ける）、食塩を摂りすぎない、野菜・果物は少なくとも一日四〇〇グラム摂る、ソーセージやサラミなどの保存肉を摂りすぎない、飲食物は熱い状態では摂取しないをあげている。

糖尿病もじわじわと増えている生活習慣病の一つである。厚生労働省の国民健康・栄養調査によると、一九九〇年には糖尿病が強く疑われる人が四〇九万人、糖尿病の可能性が否定できない糖尿病予備軍が三六六万人と合計七七〇万人だったのが、二〇〇七年には糖尿病が強く疑われる人が八九〇万人、糖尿病予備軍が一三二〇万人と計二二一〇万人に達した。二〇年足らずの間で三倍近くに増えた勘定で、単純計算すると国民のほぼ五人に一人、まさに国民病といえる状況である。最近の増加のペースは年間七〇万人以上の高い水準にあるが、過食や運動不足に加えて高齢化の進行が原因とされている。悪化するまで自覚症状がほとんどないため、治療を受けている人はわずか三割にすぎないともいわれている。血糖値が高い状態が慢性的に続くことで、全身にさまざまな合併症があらわれるようになる。その中で、糖尿病網膜症・糖尿病腎症・糖尿病神経障害が三大合併症である。網膜症は網膜の血管が傷つき、眼底出血を繰り返しながら視力が低下し、やがて失明にいたる。成人の失明原因の第二位となっている。腎臓の血管が傷ついて腎臓の機能が低下する糖尿病腎症は人工透析になる原因の四三%を占め第一位である。糖尿病神経障害は、手足のしびれや麻痺に始まり、進行すると組織が腐る壊疽《えそ》になって足の切断にいたる症状である。治療は、食事・運動、経口薬、インスリンの三段階で行われる。

高血圧も日本人に多い病気で、二〇〇六年国民健康・栄養調査では四〇～七四歳の人のうち男性は約六割、女性は約四割が高血圧（140/90mmHg 以上）である。筆者の住む静岡県において二〇〇九年度に特定健診を受診した四〇歳以上七五歳未満の約二七万人のデータ分析の結果、高血圧症は男性五九・二％、女性五二・七％、糖尿病患者は男性三二・四％、女性二六・一％だった（県総合健康センター）。高血圧は自覚症状がないままに進行し、放っておくと知らず知らずのうちに血管が傷《いた》んで、心筋梗塞《こうそく》・脳卒中といった生活習慣病や腎不全をひき起こしてしまうので、「沈黙の殺人者」とよばれている。現在、六五歳以上の高齢者では、医療費の中で高血圧とその結果である病気（高血圧・虚血性の疾患・脳血管疾患など）が最も高い割合（三割強）を占めている。

肥満は身長に比べて体重の割合が大きい状態をいうが、その判定には体重（キログラム）を身長（メートル）の二乗で除した Body Mass Index（ＢＭＩ）が国際的標準指標として広く使われている。世界保健機構（ＷＨＯ）はＢＭＩが三〇以上を肥満の基準としているが、日本人の場合、ＢＭＩが二五から健康障害が増えるということから、日本肥満学会ではＢＭＩが二五以上を肥満と判定している。日本の肥満人口は二三〇〇万人（男性一三〇〇万人、女性一〇〇〇万人）で、約半数は健康な肥満者、一一〇〇万人が生活習慣病を合併した肥満症である。肥満になると高血圧・糖尿病・高脂血症・通風・胆石・脂肪肝・動脈硬化・心臓病・脳血管疾患などを発症しやすくなる。また、肥満者は、動悸・息切れ・めまいなどが起こりやすく、非肥満者に比べ疲労しやすくなる。体を支えている足腰にも負担がかかり、腰痛、ねんざ、骨折などになりやすい。平成一二年（二〇〇〇）の国民栄養調査は、男性はいずれの年代も一〇年前、二〇年前より肥満の割合は増加し、二〇代から六〇代でおよそ三〇%であった。一方、女性は六〇代の三一%が最高で、三〇代で一三%、四〇代で二〇%と割合が減少した。

肥満の原因として、遺伝的要因、睡眠時間の短さなどが指摘されているが、九五%は過食によると考えられている。高カロリー食品、動物性脂肪に多い飽和脂肪酸、ファストフード、砂糖の添加された果汁類の過剰摂取が特に肥満増加の要因とされている。世界保健機関（WHO）は、脂肪からのエネルギー摂取量や砂糖の摂取量を制限し、野菜や果物に加えて全粒穀物や豆類、ナッツの摂取量を増やすことを推奨している。

6 食の安全性

人の生命と健康を保障するためには、食品の安全性は何よりも優先されなければならない。科学技術の発達により私たちの食生活は質・量ともに飛躍的に向上し、「豊かな」食卓が日常的となった。現代の食生活は簡便化され、外部依存を強める中で、これらを提供する食品加工、外食産業は安全性確保を前提としつつも経済性もあわせて追求するという宿命を負っている。その代償として、食品安全にかかわるリスクはむしろ増幅されてきたという現実も忘れてはならない問題である。

食品産業が国内産とくに地域的な供給を基礎にしていた時代は食品安全が調理過程の衛生管理を主な対象としていたものが、今や加工・流通の全プロセスが対象となり、さらには生産段階までもがその責任を問われるように変化してきている。食の外部依存は今後も進むと考えられ、食品安全へのリスクが高まると消費者の間に安全性への不安という問題が生じてくる。原材料の栽培・養殖・飼育などへの不安や、加工の過程で使われる食品添加物、風味を良くするための改良剤、保存性を高めるための保存料、味を良くするための調味料への懸念がある。さらに近年は、流通を始めた遺伝子組み換え食品の安全性という問題も生じている。いわゆる川上の農水産業から川中（食品卸業・食品製造業）、川下（食品小売業・外食産業）を経て最終消費者にいたるフードシステムの中において消費者の目に見えないブラックボックスが存在している。食を供給する側は的確な情報開示を行って、これらの問題を一つ一つクリアしていかなければならない。それでもなお消費者の不安をかきたてる要因として次の三つをあげておく。

（i）　科学的な究明が現時点で可能な限りなされたとしても、まだ十分に解明されていない未知の領域が残されるであろうこと。例えば、食品添加物や農薬を長期かつ複合的に摂取したときに生じるであろう人体への影響についての科学的な知識、あるいは何らかの理由で他のさまざまな環境汚染と食品の毒性とが結合した場合に人体にどのような複合的な影響がもたらされるのかについての知識など。

（ii）　食品安全を規制するための制度や基準が完璧であるという保障がないこと。

(iii) 食品安全にかかわる科学的技術の進歩によりいろいろな食品添加物や農薬が開発され使用されているが、今や五人に一人が悩まされ国民病とまでいわれるアレルギー疾患、アトピーや皮膚病には加工や流通の段階で大量投入される食品添加物が原因の一つとして指摘されている。また一部の有機農産物を除くと、ほとんど必ず使用される農薬や化学肥料の化学資材が農産物や環境系に残留し、人体の安全をおびやかす問題である。しかも、これらの安全基準値が国家間で大きくことなっていたりすることも不安の原因である。さらに一九九六年、わが国では遺伝子組み換え食品が輸入され、加工食品などに使用されるようになった。長期にわたる人間と環境への安全解析データの蓄積の点で不安視されている。

食料自給率が低下した今日の日本の状況では食料や食材の大半を海外からの輸入に頼らざるを得ない。その場合、輸入品に対する規制や基準面での十分な配慮が必要で、国際基準の整合化、いわゆるハーモナイゼーションがはかられなければならない。米国で始まったＨＡＣＣＰ［Hazard Analysis Critical Control Point：危害分析・重要管理点(監視)］方式は、個別製造工程ごとに原材料の生産・飼育段階から始まり、製造・加工工程を経て最終製品の保管・流通そして最終消費者の手にわたるまでの「食品の流れ」の各段階で発生する危害を分析し（ＨＡ）、重要管理点（ＣＣＰ）を設定して監視する方式であり、適正に活用することによって、より安全で、よい品質の製品を得ることを目的とした管理システムである。対象となる危害因子も病原微生物などの生物的なものをはじめ、異物などの物理的なものや残留農薬、アレルゲンなどの化学的なものも含まれる。日本では平成七年（一九九五）から導入され、現在はかなり普及してきている。また同じく平成七年七月から、製造物責任（Product Liability, PL）法が施行されたことにより、消費者が製品の「欠陥」による被害を受けた場合、製造者に損害賠償を求めることが可能になった。輸入食品の増大や食品中への農薬等の残留に関する消費者の不安の高まりなどから、平成一八年（二〇〇六）五月には、残留基準が設定されていない農薬等が一定量以上残留する食品の販売等を原則禁止するポジティブリスト制度が施行された。

7 食と観光

近年はＩＴ（Information Technology：情報技術）や交通機関の発達により、国内外ともに人々の移動は活発で、大交流時代ともよばれている。わが国は少子高齢化と人口減少傾向の中、長期低迷を続ける日本経済を浮揚させるための新成長戦略の一つとして観光立国が掲げられている。日本ツーリズム産業団体連合会によると、国内のツーリズム消費量は二〇〇八年度で二三兆六千億円であり、観光は内需と雇用の拡大を見込める成長産業である。農林水産業、運輸、宿泊施設など多岐にわたる波及効果が期待でき、雇用効果は四三〇万人ともいわれている。

日本人が国内旅行・海外旅行を問わず行ってみたい旅行のタイプは一九九八年から二〇〇四年までは常に一位が温泉旅行、二位が自然観光であった。ところが、二〇〇五年には温泉旅行は不動の一位だが、二位は美味しいものを食べに行くグルメがとってかわった（日本交通公社調査）。グルメすなわち「食」は旅行に行くさいの動機や目的となり、旅行中の活動の主要なメニューの一つになっており、立派な観光資源なのである。

西武大学の安田亘宏教授は、全国の都市について、食事を目的として行きたい強さ（関与度）と旅行で食事に使った一人あたりの食事代（食事費用）を調査し、八つの都市群に分類した（東京と大阪は大きすぎて対象に入れていない／表4）。カニ・マグロを中心とした水産物と牛肉の高級食材を提供する都市のグルメ度が高くなっている。

日本政府観光局によると、二〇一〇年の訪日外国人旅行者数は八六一万人で、その中で観光目的の旅行者は五七・八％であった。国・地域別では韓国が最も多く、中国・台湾が続いた。観光客が訪日前に期待したことは食事（六二・五％）が二年連続一位で、ショッピング（五三・一％）、歴史的・伝統的な景観・旧跡（四五・八％）が続いた。外国人旅行者にとっても国内旅行者同様、食への関心の高さがうかがえる結果である。政府は訪日外国人旅行者数の目標として二〇一三年に一五〇〇万人、一六年に二〇〇〇万人を掲げ、二〇一九年までに二五〇〇万人をめざしている。表5に外国人に人気の食事ランキングを示したが、食の強化によるもてなしという視点が重要になってきている。

観光における「食」の重要性が認識されるようになってきたことや食品産業が新たな食品を開発するさいのヒントの足がかりとして注目されているのが日本各地の農村・山村・漁村に伝わり、国民に

表 4　国内食旅都市８つの分類

分類	都市またはエリア
高級グルメ都市	下関、松坂、香住・城崎、越前
大グルメ都市	札幌、横浜、小樽、大間
Ｂ級グルメ都市	博多、高松
美食都市	京都、神戸、伊勢・志摩、大津・琵琶湖、米沢
食べ歩き都市	名古屋、仙台、那覇、広島、浜松・浜名湖、函館
ちょっと美食都市	金沢・和倉、伊豆、氷見、外房、大分、気仙沼、高知、湯布院等
これから食べ歩き都市	長崎、喜多方、宇都宮、長野・松本、高山、明石、宮崎等
まだまだ食べ歩き都市	甲府、新潟、呼子、大洗・平潟、出雲、伊豆大島、岐阜・長良川等

（安田亘宏による）

表 5　外国人に人気の食事ランキング
（複数回答）

順位	日本の食事	割合(％)
1	すし	42.1
2	ラーメン	20.8
3	刺し身	19.8
4	てんぷら	11.1
5	うどん	8.9
6	魚介・海鮮料理	7.2
7	そば	6.0
8	しゃぶしゃぶ	4.9
9	焼き肉	4.5
10	豚かつ・かつ丼	4.1

（日本政府観光局調べ）

広く支持されている郷土料理である。農林水産省は、郷土料理百選選定委員会を主催し、二〇〇七年一二月に「農山漁村の郷土料理百選」を選定した（表6）。その後の二〇〇九年六月には日本の食文化を広く海外へ紹介することを目的に選定料理をベースとした外国人むけの英文冊子（*Japan's Tasty*

表6　農山漁村の郷土料理百選（計99品）

北海道	ジンギスカン、石狩鍋、ちゃんちゃん焼き
青　森	いちご煮、せんべい汁
岩　手	わんこそば、ひっつみ
宮　城	ずんだ餅、はらこ飯
秋　田	きりたんぽ鍋、稲庭うどん
山　形	いも煮、どんがら汁
福　島	こづゆ、にしんの山椒漬け
茨　城	あんこう料理、そぼろ納豆
栃　木	しもつかれ、ちたけそば
群　馬	おっきりこみ、生芋こんにゃく料理
埼　玉	冷汁うどん、いが饅頭
千　葉	太巻き寿司、イワシのごま漬け
東　京	深川丼、くさや
神奈川	へらへら団子、かんこ焼き
新　潟	のっぺい汁、笹寿司
富　山	鱒寿司、ぶり大根
石　川	カブラ寿司、治部(じぶ)煮
福　井	越前おろしそば、さばのへしこ
山　梨	ほうとう、吉田うどん
長　野	信州そば、おやき
岐　阜	栗きんとん、ほう葉みそ
静　岡	桜えびのかき揚げ、うなぎの蒲焼き
愛　知	ひつまぶし、味噌煮込みうどん
三　重	伊勢うどん、手こね寿司
滋　賀	ふな寿司、鴨鍋
京　都	京漬物、賀茂なすの田楽
大　阪	箱寿司、白みそ雑煮
兵　庫	ボタン鍋、いかなごのくぎ煮
奈　良	柿の葉寿司、三輪そうめん
和歌山	鯨の竜田揚げ、めはりずし
鳥　取	かに汁、あごのやき
島　根	出雲そば、しじみ汁
岡　山	岡山ばらずし、ままかり寿司

広　島	カキの土手鍋、あなご飯
山　口	ふく料理、岩国ずし
徳　島	そば米雑炊、ぼうぜの姿寿司
香　川	讃岐うどん、あんもち雑煮
愛　媛	宇和島鯛めし、じゃこ天
高　知	かつおのたたき、皿鉢(さわち)料理
福　岡	水炊き、がめ煮
佐　賀	呼子イカの活きづくり、須古寿し
長　崎	卓袱(しっぽく)料理、具雑煮
熊　本	馬刺し、いきなりだご、からしれんこん
大　分	ブリのあつめし、ごまだしうどん、手延べだんご汁
宮　崎	地鶏の炭火焼き、冷や汁
鹿児島	鶏飯(けいはん)、きびなご料理、つけあげ
沖　縄	沖縄そば、ゴーヤチャンプルー、いかすみ汁

Secrets）が刊行された。

ながびく景気低迷のために地方経済の疲弊が目立つ中、地域おこしをめざした住民参加型の食のイベントも日本各地で催されている。とりわけ注目されているのは、「味はA級、値段はB級、安くて地元に愛されているグルメ」を謳ったB‐1グランプリである。二〇〇六年から毎年場所を変えて開催され、来場者数は初回の一万七千人から第六回（二〇一一年）の五一万五千人へと着実に来場者数を増やしている。手頃な価格と話題性があるためメディアの取材も多く、全国的に開発ラッシュが続いている。参加して注目度が高まれば観光客が増え、地域に大きな経済効果を与えることが期待されている。

3　近未来の日本人の食を考える

本章は、食材を中心とした日本人の食の来し方行く末を考えることを目的としている。そこで、原始時代から現代にいたるまでの日本人の食の変遷を振り返り、次に近未来（二〇〜三〇年後を想定）を予測するための材料として、日本・世界の人口と食料問題、食生活の変化（簡便化）、日本人の家族構成、食と健康、食の安全性、食と観光という視点から食の現状をみてきた。ここまで読み進まれた方々には日本の近未来の食の姿を賢察された方も多いと思う。情報伝達手段としてのＩＴやヒト・モノを運ぶ移動手段としての交通インフラの目を見張る発達は、食を量と質から考えるにしても、狭い国内だけではなく、地球規模でみていかなければならない時代の到来を痛感させられる。近未来の日本人の食を量で考えた場合、国内的には少子高齢化・人口減少にともなう日本人の食料消費の減少傾向があり、農業従事者数減少と高齢化による生産量の低下でうまく帳尻が合いそうな気もするが、世界的には現在でも九億二五〇〇万人（二〇一〇年：ＦＡＯ）といわれる飢餓人口の問題に加え、今後のさらなる急激な人口増加に対応するための食料増産の必要性を考えると、日本のとるべき方向性もみえてくる。つまり、国内だけでなく海外展開を視野に入れた食料増産と生産性向上による競争力強化をはかるべきである。また、日本人の家族構成としては、単身世帯が最も多くなることから、食の簡便化と外部化は今後も続き、「おひとりさま」を対象とした食品産業の業務展開も進行するであろう。超高齢化社会となって健康への希求も高まり、健康を謳った食品が支持され続けるであろうし、安全・安心のためのトレーサビリティの確保も重視されるであろう。また、人口減少の速度が増してくる段階になると全国各地で過疎化の問題が深刻さを増して、観光客の呼び込みや地域活性化が今以上に叫ばれ、起爆剤としての食への依存度も高まり続けるであろう。

人類の食生活は狩猟・採集生活を経て、主食としての穀物を栽培するようになってから以降は、①色のついた穀物（トウモロコシなど）→②白い穀物（米・小麦）→③肉、魚の量が急進→④簡便化の進行と伝統食の復活（外食・レトルト食品）という段階的変化を遂げている。現在の日本の食は質・量ともに過去の歴史に例がないほど豊かで恵まれている。日本食だけでなく、居ながらにして世界中の食を手に入れることが可能である。そして、簡便化の進行とその逆の伝統食が復活するという現象が同時にみられ、まさに成熟期にある。あらゆる商品の寿命が短くなっている中で、全国各地に残る伝統食は新たな食品開発を行う人にとってはアイデアの宝庫であるとともに、地域にとっても伝統食は人を呼び寄せる重要な要素となりつつある。一方、多くの伝統食は若い人からは見放され、いずれ消え去ってしまいかねない状況にあるのも現実である。伝統食が未来に継承されるにはそれぞれの時代の嗜好に合うように変化していくことも必要である。寿司は日本から北米に渡ってカリフォルニアロールが生まれ、本来は中華料理のラーメンは日本人の手によって国際化した。写真2は欧州の日本料理店で修行経験をした若い料理人が握った新たなスタイル

写真2　新しいスタイルの創作寿司

の寿司で、伝統食もグローバル化の中で変化していくことを示す一例である。筆者も静岡県浜松市ないしはその周辺に残る伝統食である浜納豆と柚餅子《ゆべし》を現代風にアレンジする試みを行ったことがあるので、ここで少し詳しく紹介する。

浜納豆は、糸引き納豆とは異なるタイプのこうじカビを用いた大豆発酵食品で、塩辛納豆・唐納豆・寺納豆ともいう。中国で二二〇〇年ほど前から作られていたものが、奈良時代に朝鮮半島を経て仏教僧によって日本にもたらされ、粗食を重んじる各地の寺院で重宝されてきた。中でも浜松市三ケ日町にある大福寺で室町時代から製造されてきた大福寺納豆は有名である。現在は、浜松市内では大福寺を含めて三か所で製造されている。なお、浜納豆は浜名納豆の略称で、浜名湖畔でつくられたことに由来する。今日、浜納豆はお茶うけや酒のつまみとして、あるいはご飯とともに食されているが、知名度の高さほどは食べられていない。米国農務省が一九五〇年代にアジアの大豆発酵食品を調査したさいの報告書の中で、浜納豆の風味を評価しながらも、黒っぽい色や、味噌より数倍高価な点を改善すれば受容性が高まるであろうとの指摘をしているが、現在も伝統的製法そのままで作られている。そこで、筆者も加わって原料大豆の前処理や発酵菌種を変えて変色の少ない浜納豆製造を試みたのが写真3である。

次は柚餅子の現代風アレンジ例である。柚の加工品の中でも地域性の強い伝統食品の柚餅子は、奈良・平安時代に朝鮮半島を経て渡来したとされる柚を使い、室町時代から作り続けられている。製法は江戸時代に完成し、多くの地方に広まり、引き継がれている。柚の実の上部を切って、中身をくり抜いた柚釜に胡麻や生姜を混ぜた味噌を詰め、切り取った上部を蓋《ふた》にして蒸し、干して固くし、保存性を高めたものである。薄く切ってお茶うけにしたり、辛口のものは酒のつまみ、甘口のものはお茶の席にも利用される。写真4は、黒っぽい色調の豆味噌を使って作る浜松市佐久間町の伝統的な黒色の柚餅子と筆者も参画して白味噌を使って甘みのある淡色の製品にアレンジした柚餅子のスライスを比べたものである。浜納豆も柚餅子も黒っぽい色から薄い色調へとアレンジしたものの方が若い人には好評を得たが、昔から食べ続けている高年齢者の間では旧来のものを好む傾向もみられた。現代人に受け入れられやすくすることをめざしたアレンジ例も伝統食ゆえの保守性と、変化していかなけれ

写真3　伝統的浜納豆(上)と色調を変えた製品(下)

写真4　伝統的柚餅子(右)と色調を変えた製品(左)

ば次代に残らないというジレンマを抱えており、新旧あわせて時代に適合させていくマネジメント力の必要性も痛感した結果となった。

近未来の食はこのように、質的変化をともないながら継承されるものと変化することなくそのまま残るものとが共存するという状態もあれば、全く消え失せていくものもあると思われる。今後ますます高齢者人口が増え続けるため、嚥下《えんげ》しやすい高齢者向け食品の開発を含めた簡便化の進行と伝統食の継承という質的に異なる食が併存した状態が日本の近未来の食の風景と考えられる。忘れてならないことは、日本の食の調理技術を含めた総体的食文化の継承を基本とし、家庭・学校・社会のあらゆる教育の場が相応に機能することが不可欠である。折しも、政府は和食を国連教育科学文化財団（ユネスコ）の無形文化遺産への登録申請を二〇一二年三月に行った。和食の特色を「新鮮で多様な食材」や「自然の美しさを表した盛りつけ」などと評価し、正月や田植えなど年中行事とも密接に関連しており、家族や地域の結びつきを強める社会的慣習であるため、保護と継承すべきとの判断である。健康食として世界的なブームとなっている日本食が国内だけでなく海外でも定着し、国内では外来のものも含めて食の多様化とフラット化が進んで和洋折衷の無国籍化した料理が普及するのと同時に、それぞれの地域固有の伝統食もしっかりと継承され続けるというのが近未来の日本の食の姿であろう。

二一世紀は食料や水の確保に関して、地球規模での不安要素が山積《さんせき》している。多種多様な食材が安定供給され、美味しい料理を食べることのできる社会は平和で安全な社会であるとすれば、そのような社会を積極的に築きあげていくことが今に生きる私たちの使命である。

〔**参考文献**〕

木村修一他編（一九八七）『食生活論』同文書院
米屋武文他（一九九四）『クオリティーオブライフへの道のり　part III』静岡県立大学
石毛直道編（一九九五）『食文化入門』講談社
吉川誠次編（一九九六）『食文化論』建帛社
岡田　哲編（一九九八）『食の文化を知る事典』東京堂出版
米屋武文他（一九九八）『自然と人間の調和を求めて』静岡県立大学
Y.H. Hui (2003) *Handbook of Vegetable Preservation and Processing*, Marcel Dekker, Inc.
相原憲一編（二〇〇四）『にぎわい文化と地域ビジネス』春風社
安田亘宏他（二〇〇七）『食旅入門』教育評論社
ネスレ栄養科学会議監（二〇〇九）『栄養とがん』建帛社
今野正義編（二〇一〇）『食品トレンド二〇一〇〜二〇一一』日本食糧新聞社
米屋武文（二〇一一）『観光資源としての食』観光科学第三号（七五〜七八頁）

あとがき

急速に変化する世の中にあって、わたしたちを取り巻く「食」に関する環境も大きく変わりつつあります。そしてその変化の要因には、さまざまな分野におけるグローバル化の進展にともなって、国内の問題だけでなく海外での出来事も大きく影響するようになっています。元来、保守的であると考えられてきた「食」の世界も変化の速度を速めつつあるのが現状です。

ここ最近のわたしたちの生活に影響を与えた出来事として、二〇一一年三月一一日の東日本大震災のさいの津波被害と福島第一原子力発電所からの放射能拡散の問題をはじめとして、世界各地での異常気象による食料危機、リーマンショックの世界経済への波及などがあります。これらの事象を「未曾有の出来事」とか「百年に一度」とかたづけて良いと思う人はいないはずです。

今後起こりうるわたしたちの「食」の変化について将来、「予測できなかった」とか「未曾有の出来事」といった諦めを込めた述懐をしなくてすむように日本の食の近未来のあれこれについて考えておきたいとの思いから研究会を立ち上げて本書の出版にいたった次第です。食関連の研究者八名が原稿を持ち寄り、二〇一一年九月上旬に富士山麓で三泊四日の合宿形式でのシンポジウムを開催しました。期間中は大型の台風一二号の直撃で、富士山を全く眺めることもできない風雨の中でしたが、そ

シンポジウム風景

の分、議論に集中することができました。本書はその時の内容をもとに加筆修正されたものです。近未来の日本の「食」の姿についてそのすべてを的確に予測することは到底不可能ですが、考えるひとつのきっかけとなれば幸いです。

なお、この研究は静岡文化芸術大学学長特別研究によるものであり、また、この出版には同大学出版助成金が配分されたことを明記し、静岡文化芸術大学の援助に対して深甚の謝意を表明いたします。

最後にシンポジウムのプログラムと写真を添えてあとがきとさせていただきます。

（米屋武文）

静岡文化芸術大学国際共同研究会シンポジウム『近未来へのメッセージ』記録

［１］日程

第１日（９月２日）		JR 新幹線新富士駅北口集合	13:00
		会場への移動	14:00
	午後：	①基調講演（熊倉功夫）（司会：米屋）	16:00
第２日（９月３日）	午前：	②報告１「家族の変化と食」（林在圭）	9:00
		③報告２「食空間と将来」（深田てるみ）	10:10
		討論（司会：草野）	11:10
	午後：	④報告３「食と健康」（清ルミ）	14:00
		⑤報告４「高齢化社会と食生活」（守屋亜紀子）	15:10
		討論（司会：林）	16:10
第３日（９月４日）	午前：	⑥報告５「東南アジアと日本の食」（ザヤス）	9:00
		討論（紹介：米屋、司会：守屋）	10:10
	午後：	エクスカーション	11:00
		・木の花ファミリー（昼食）	
		・富士山５合目	
		・朝霧高原まかいの牧場	
第４日（９月５日）	午前：	⑦報告６「中国と日本の食」（草野美保）	9:00
		⑧報告７「食材からみた食文化の可能性」（米屋武文）	10:10
		討論（司会：深田）	11:10
	午後：	総合討論（司会：清）	14:00
		総括：熊倉功夫	

［２］会場

高原ホテル　ニュー富士（富士宮市人穴 142-62）

［３］エクスカーション（移動はマイクロバス）

１）木の花ファミリー（富士宮市猫沢 238-1）

２）朝霧高原まかいの牧場（富士宮市内野 1327）

［４］発表時間：発表時間は各自１時間とし、質疑討論は 30 分を目安とする。

執筆者紹介（執筆順）

熊倉功夫（くまくら　いさお）
1943生．東京教育大学大学院文学研究科博士課程単位取得退学．静岡文化芸術大学学長
『日本料理の歴史』（吉川弘文館，歴史文化ライブラリー，2007）『だしと何か』（編著，アイケイコーポレーション，2012）『茶の湯日和』（里文出版，2012）

林　在圭（いむ　じぇぎゅ）
1962生．早稲田大学大学院人間科学研究科生命学専攻博士後期課程修了．静岡文化芸術大学教授
『東アジア村落の基礎構造――日本・中国・韓国村落の実証的研究――』（御茶の水書房，2008，共著）『人類学ワークブック――フィールドワークへの誘い』（新泉社，2010，共著）『アフラシアの世界――アジアの過去・現在・未来』（アフラシア文化社，2012，共著）

深田てるみ（ふかだ　てるみ）
1950年生．大阪市立大学大学院生活科学部生活環境学前期博士課程修了．静岡文化芸術大学准教授，建築家，深田てるみ建築工房1級建築士事務所代表
「中国西南部桂北地区／侗族，壮族，瑶族の干闌式住居」（『新建築住宅特集　地球の住居28』，新建築社，1992）「専好立花図から見た近衛邸における立花について」（『九州女子短期大学大学紀要』29巻，1994）「高齢者を対象としたバリアフリーに関する研究」（共著，『静岡文化芸術大学研究紀要』，2001）

清　ルミ（せい　るみ）
1957生．名古屋大学大学院国際言語文化研究科博士課程（文学博士）．常葉大学外国語学部教授
『創造的授業の発想と着眼点』（アルク，1995）『ナイフとフォークで冷奴――外国人には理解できない日本人の流儀』（太陽出版，2008）「テレビにおけるコマーシャルの言語表現」（岡部郎一編『シリーズ朝倉〈言語の可能性〉7　言語とメディア・政治』，朝倉書店，2009）

守屋亜記子（もりや　あきこ）
1968生．国立大学法人総合研究大学院大学地域文化学専攻博士後期課程修了．女子栄養大学准教授
『くらべてみよう！　日本と世界の食べ物と文化』（講談社，2004，分担執筆）韓福麗著『キムチ百科——韓国伝統のキムチ100——』（平凡社，2005，訳書）『伝統食の未来』（ドメス出版，2009，分担執筆）

シンシア・ネリ・ザヤス（Cynthia Neri Zayas）
1953生．筑波大学人文社会科学研究科博士後期課程修了．フィリピン国立大学国際研究センタ教授・センタ長
Ethnographies of two Japanese maritime communities. University of the Philippines, Third World Studies Center Publications. (1999)「海の畑——ヴィサヤ諸島・澎湖(プンフー)諸島・流球諸島の石干見」（橋本政治編『海の回廊と文化の出会い』，関西大学出版部，2009）"The promise of the southwest wind: Visayan fish/migrant wives in the shifting fishery of the Central Philippines." *Signs: Journal of Women in Culture and Society* 37: 3 (573-580). With L. C. Lilian C dela Peña. (2012)

草野美保（くさの　みほ）
1968生．埼玉大学大学院文化科学研究修士課程修了．（財）味の素食の文化センター勤務
『アジアカレー大全』（旅行人，2007，分担執筆）『『遵生八牋』飲饌服食牋——明代の食養生書』（明徳出版社，2012，共訳）

米屋武文（よねや　たけふみ）
1951生．名古屋大学大学院農学研究科食品工業化学専攻博士後期課程修了．静岡文化芸術大学教授
『にぎわい文化と地域ビジネス』（春風社，2004，共著）*Bakery Products Science and Technology*（Blackwell Publishing，2006，共著）『米粉百科』（グレイン・エス・ピー，2009，共著）

日本《にほん》の食《しょく》の近未来《きんみらい》

2013(平成25)年 3 月10日発行

定価：本体2,300円(税別)

編　者　熊倉功夫

発行者　田中　大

発行所　株式会社　思文閣出版

〒605-0089 京都市東山区元町355

電話 075-751-1781(代表)

印　刷
製　本　亜細亜印刷株式会社

ISBN978-4-7842-1678-9 C1039